WILLIAM SALESBURY A'I DESTAMENT
WILLIAM SALESBURY AND HIS TESTAMENT

Isaac Thomas

William Salesbury a'i Destament

CAERDYDD

GWASG PRIFYSGOL CYMRU

1967

Isaac Thomas

William Salesbury and his Testament

CARDIFF
UNIVERSITY OF WALES PRESS
1967

Argraffiad cyntaf, 1967
Ail argraffiad, 1972
First edition, 1967
Second edition, 1972

© GWASG PRIFYSGOL CYMRU, 1972
UNIVERSITY OF WALES PRESS, 1972

0 7083 0037 5

ARGRAFFWYD GAN CSP CYF. CAERDYDD

RHAGAIR

AMCAN y llyfryn hwn yw dathlu pedwar canmlwyddiant y Testament Newydd Cymraeg cyntaf. Ysgrifennwyd ef ar gyfer disgyblion hynaf yr ysgolion, a'm gobaith yw y symbylir rhai ohonynt i wneud hanes y Beibl Cymraeg yn faes eu hastudiaeth arbennig fel y caffom, maes o law, lyfr safonol ar y pwnc.

Diolchaf i'r Athro Dr. Bleddyn Jones Roberts a'r Dr. R. Geraint Gruffydd am wybodaeth ac awgrymiadau sydd wedi ychwanegu yn sylweddol at werth a chywirdeb y gyfrol, i Lyfrgellydd Coleg Prifysgol Gogledd Cymru a'i staff am eu hynawsedd a'u cymorth parod, i Mr. Dafydd ap Thomas am gael benthyg ei gopi ef o Destament Lladin Beza, ac i Mrs. E. Gwynne Jones am deipio fy llawysgrif. Y mae arnaf ddyled arbennig hefyd i'r Dr. R. Brinley Jones, o Fwrdd Gwasg Prifysgol Cymru, am ei ofal manwl wrth hyrwyddo'r llyfryn trwy'r wasg.

ISAAC THOMAS.

Dydd Calan, 1967.

Nodiad
Diweddarwyd orgraff y cwbl o'r dyfyniadau ac eithrio'r rheini a gymerwyd o'r fersiynau ysgrythurol.

PREFACE

THE aim of this booklet is to commemorate the fourth centenary of the first Welsh New Testament. It has been written for the senior pupils in our schools, and my hope is that some of them may be spurred to make the history of the Welsh Bible the field of their special study so that, in due course, we may have a standard work on the subject.

My thanks are due to Professor Dr. Bleddyn Jones Roberts and Dr. R. Geraint Gruffydd for information and suggestions which have added greatly to the value and accuracy of the volume, to the Librarian of the University College of North Wales and his staff for their genial help and guidance, to Mr. Dafydd ap Thomas for the loan of his copy of Beza's Latin Testament, and to Mrs. E. Gwynne Jones for typing my manuscript. I am especially indebted to Dr. R. Brinley Jones, of the University of Wales Press Board, for the meticulous care with which he has seen the booklet through the press.

ISAAC THOMAS.

New Year's Day, 1967.

Note

The spelling has been modernised in all the quotations except those taken from the scriptural versions.

WILLIAM SALESBURY A'I DESTAMENT

I

YR oedd Martin Luther yn fab ugain mlwydd oed cyn iddo erioed weld Beibl cyfan. Yn ôl pob tebyg y mae'r un peth yn wir am William Salesbury. Y mae'n sicr na welodd y llanc Salesbury Feibl Cymraeg yn ei gartref na chwaith yr un llyfr Cymraeg argraffedig. Nid nad oedd llyfrau Cymraeg yn ei gartref; yr oedd yn ddi-os, ond eu bod yn llyfrau mewn llawysgrif bob un. Er dechrau'r unfed ganrif ar bymtheg yr oedd gweisg argraffu ar waith yn llawer o wledydd Ewrop, ond ni bu i neb freuddwydio y gellid eu defnyddio i daenu llenyddiaeth Gymraeg. Yr unig ffordd i luosogi gwaith llenyddol Cymraeg oedd peri ei gopïo â llaw. Gwaith llafurus a chostus oedd hwn, ac y mae'n amlwg mai peth i'r ychydig breiniol oedd llenyddiaeth dan y fath amodau. Camp fawr William Salesbury oedd iddo weld, a gweithredu ar ei weledigaeth, y gellid defnyddio'r argraffwasg fel allwedd i agor drws dysg a diwylliant, ac yn arbennig ddrws yr Efengyl, i'w gydwladwyr yng Nghymru. Wrth wneuthur hyn daeth yn un o'r gwŷr prin hynny y gellir dweud amdanynt iddynt newid cwrs hanes eu gwlad.

WILLIAM SALESBURY
AND HIS TESTAMENT

I

MARTIN Luther was twenty years old before he ever saw a complete Bible. It is very likely that the same was true of William Salesbury. It is certain that Salesbury as a lad never saw a Welsh Bible in his home, nor indeed any printed book in Welsh. It is not that there were no Welsh books in his home; there certainly were, but they were all in manuscript form. Since the beginning of the sixteenth century printing presses had been in use in many European countries, but no one had dreamt that they could be used to propagate Welsh literature. The only way to duplicate a Welsh literary work was to have it copied by hand. This was laborious and costly work, and it is obvious that under such conditions literature was something for the privileged few only. It is Salesbury's great achievement that he conceived and put into effect the idea that the printing press could be used as a key to open the door of learning and culture, and especially the door of the Gospel, for his fellow-countrymen in Wales. By doing this he became one of the very few of whom it can be said that they changed the course of their country's history.

2

Ganed William Salesbury yn y Cae-du ym mhlwyf Llansannan rywbryd tua'r flwyddyn 1520. Honnai teulu'r Salbrïaid eu bod yn ddisgynyddion Adam o Salzburg, un o wyrda William y Concwerwr. Ond i'r bedwaredd ganrif ar ddeg y perthyn y dystiolaeth gynharaf i'r teulu, a'r pryd hwnnw amaethwyr difalch oeddynt yn arglwyddiaeth Dinbych. Ond yn ystod y bymthegfed ganrif a'r unfed ar bymtheg llwyddodd y teulu yn rhyfeddol, nid yn unig i gasglu meddiannau a dringo'n gymdeithasol, ond hefyd, er gwaethaf eu tras amlwg Seisnig, i fwrw gwreiddiau yn ddwfn i fywyd diwylliannol eu bro. Ac yn y cyfnod hwn nid oedd ardal yng Nghymru a feddai ddiwylliant cyfoethocach nag eiddo Dyffryn Clwyd a Mynydd Hiraethog. Nid damwain yw bod pob un, bron, o'r gwŷr a fu'n ymwneud â chyfieithu'r Beibl i'r Gymraeg a chysylltiad agos â'r darn hwn o ddaear Cymru. Nid yw'n debyg i lanc a fagwyd yn y fath gymdeithas orfod mynd ymhell i chwilio am yr addysg a roes fynediad iddo i Brifysgol Rhydychen. Ond nid yw'n hysbys ymhle y cafodd yr addysg hon, na chwaith pa bryd yr ymaelododd yn y Brifysgol.

3

Yn Rhydychen taflwyd y Cymro ifanc hwn i ganol berw dau fudiad mawr a oedd yn prysur ennill meddwl a chalon pobloedd Gorllewin Ewrop, sef y Dadeni Dysg a'r Diwygiad Protestannaidd. Yma bu

Testament
Newydd ein Arglwydd
JESV CHRIST.

Gwedy ei dynnu, yd y gadei yꝛ ancyfia=
ith, 'ait yn ei gylpdd oꝛ Groec a'r Llatin, gan
newidio ffurf llythyꝛen y gairiae-dodi. Eb law byny
y mae pop gair a dybitwpt y bot yn andeallus,
ai o ran llediaith y 'wlat, ai o ancynefin=
der y debnydd, wedy ei noti ai eg=
lurhau ar 'ledempl y tu da=
len gyoꝛychiol.

bot golauni ir byt, a' charu o ddynion y tywyllwch

pn thoy na'r golauni. Ioan. iij. c.

Pon pw'ꝛ barnedigeth, gan ddyꝛ

Matheu x iii,f.
Gwerthwch a ŷeddwch o ŷu id
(Llyma'r Min lle mae'r midd
Ac mewn ban engen ny bydd)
I gael y Perl goel hap wedd.

Wynebddalen *Testament Newydd* 1567
Title-page of the New Testament of 1567

5

2

William Salesbury was born at Cae-du in the parish of Llansannan sometime about the year 1520. The Salesburys claimed that they were descendants of Adam of Salzburg, one of William the Conqueror's retinue, but the earliest evidence of the family belongs to the fourteenth century, and at that time they were humble yeomen in the lordship of Denbigh. But during the fifteenth century and the sixteenth the family became highly successful not only in acquiring possessions and climbing the social scale, but also, in spite of their obviously English origins, in striking deep roots into the cultural life of the community around them. And at that time there was no community in Wales possessed of a richer culture than that of the Vale of Clwyd and Hiraethog Mountain. It is no accident that almost every one of those who were concerned with the translation of the Bible into Welsh had close connections with that part of Wales. A lad brought up in such a society is unlikely to have had to go far afield for the education which gained him admission to the University of Oxford. Where he got this education and when exactly he went up to Oxford is, however, not known.

3

At Oxford this young Welshman was thrown into the ferment of two great movements which were rapidly capturing the mind and heart of the peoples of Western Europe, namely, the Renaissance and the

raid iddo ystyried nifer o gwestiynau sylfaenol a gwneud ei ddewis ynglŷn â hwynt.

A oedd i ymlynu wrth yr hen ddysg, ysgoliaeth yr Oesoedd Canol, ynteu a oedd i ymroddi i'r ddysg newydd ac ymgyrraedd at nod ysgolheigion y Dadeni, bod yn wr *trium linguarum gnarus* (hyddysg yn y tair iaith, sef Hebraeg, Groeg a Lladin)? Ni bu'r dewis yn anodd i Salesbury. Dywed cyfoeswr (Syr Thomas Wiliems) amdano:

> WS meddaf yw'r Brytaniad dyscedicaf nid yn unig yn y Frytaneg, eithr yn Hebraeg, Groeg, Lladin, Saesneg, Ffrangeg, Ellmyneg, ac eraill ieithoedd, fel y bai ryfedd allu o un gŵr gyrraedd cyfryw berffeithrwydd yn y tafodau oni bai nad astudiai ddim arall tra fai fyw.

Dewis arall a'i hwynebai yn Rhydychen oedd hwnnw rhwng yr hen grefydd a'r newydd, rhwng yr hen ffydd Gatholig a syniadau newydd Martin Luther. Wrth gwrs, yr oedd y deddfau a aeth drwy'r senedd rhwng 1529 a 1534 wedi gwneud pob Sais yn aelod o Eglwys Loegr ac yr oedd Deddf yr Uno (1536) wedi dwyn pob Cymro i'r un gorlan. Ond y tebyg yw mai darllen llyfrau gwaharddedig Martin Luther a William Tyndale, a oedd yn cylchredeg yn ddirgel yn y Brifysgol, a wnaeth Salesbury yn Brotestant.

Peth arall y daeth Salesbury yn gyfarwydd ag ef yn Rhydychen oedd y wasg argraffu, y ddyfais honno

Protestant Reformation. Here he had to give his mind to a number of basic questions and come to a decision concerning them.

Was he to remain loyal to the old learning, the scholasticism of the Middle Ages, or was he to devote himself to the new learning and strive to achieve the ideal of the Renaissance scholars, to be *trium linguarum gnarus* (master of the three languages— Hebrew, Greek and Latin)? Salesbury did not find the choice difficult. A contemporary (Sir Thomas Wiliems) says of him:

> WS I declare is the most learned Briton not only in the British tongue, but in Hebrew, Greek, Latin, English, French, German, and other languages, so much so, that it would be strange that anyone could attain such perfection in the tongues unless he studied nothing else all his life.

Another choice that faced him at Oxford was that between the old religion and the new, between the ancient Catholic faith and the new ideas of Martin Luther. Of course, the Acts of Parliament passed between 1529 and 1534 had made every Englishman a member of the Church of England and the Act of Union (1536) had brought every Welshman within the same fold. But what made Salesbury a Protestant was probably his reading of the banned books of Luther and William Tyndale which were circulating secretly in the University.

Something else which Salesbury became familiar with at Oxford was the printing press, an invention

a allai gyflawni mewn diwrnod waith blwyddyn i
gopïwr. Beth na ellid ei wneud er mwyn Cymru, ei
llên, ei dysg a'i chrefydd, trwy'r argraffwasg? Dyma
gwestiwn a ddaeth i bwyso'n drymach o ddydd i
ddydd ar feddwl a chydwybod Salesbury.

Er mwyn Cymru! Y mae'n wir, wrth gwrs, fod
Deddf yr Uno wedi gwneuthur Salesbury, yn ôl
cyfraith, yn Sais, ac wedi gwahardd ei famiaith o bob
cylch swyddogol. Yn ffodus y mae terfyn i allu
deddfau Senedd, ac y mae tiriogaeth lle nad oes grym
i'w gorchymyn. Ni allai unrhyw ddeddf gwlad
gymryd ei Gymreictod oddi ar William Salesbury.
Nid bod Salesbury yn elyniaethus i'r Saesneg; i'r
gwrthwyneb, yr oedd yn awyddus i'w gyd-Gymry
ddysgu Saesneg. Ond yn hyn nid disodli'r Gymraeg
oedd ei fwriad na diwreiddio'r bywyd Cymraeg, ond
eu cyfoethogi trwy ddefnyddio'r Saesneg yn sianel i
ddwyn i Gymru y grymusterau creadigol a oedd ar
waith yn niwylliant a chrefydd Ewrop. Gwna hyn
yn gwbl eglur yn y rhagymadrodd i *Oll Synnwyr Pen*,
un o'i lyfrau cynharaf:

> Oni fynnwch fyned yn waeth nag anifeiliaid . . .
> mynnwch ddysg yn eich iaith . . . . Oni fynnwch ymado
> yn dalgrwn deg â ffydd Crist . . . mynnwch yr ysgrythur
> lân yn eich iaith.

Erbyn i dymor Salesbury yn Rhydychen ddod i ben
yr oedd yn sicr mai gwasanaethu Cymru yn y

which could do in a day what would take a copyist a year. What could not be done for Wales, for her literature, her learning and her religion, by means of the printing press? Such was the question that came to weigh ever more heavily on Salesbury's mind and conscience.

For Wales! It is true, of course, that the Act of Union had made Salesbury, legally, an Englishman and had banned his mother tongue from all official circles. But happily there is a limit to the competence of Acts of Parliament and there are areas where their writ does not run. No civil law could take his Welshness from William Salesbury. Not that Salesbury was hostile to English; on the contrary, he was eager for his fellow-Welshmen to learn English. But in this his purpose was not to oust the Welsh language or destroy the Welsh way of life but to enrich both by using the English language to channel to Wales those creative forces which were active in the cultural and religious life of Europe. He makes this quite clear in the introduction of one of his earliest books, *Oll Synnwyr pen Kembero ygyd* (All the Welshman's Wisdom):

> Unless you wish to be worse than animals . . . insist on getting learning in your language . . .. And unless you wish to abandon utterly the faith of Christ . . . insist on getting the Holy Scripture in your language.

By the time Salesbury came to leave Oxford he had become certain that his life's work must be to serve

ddeubeth hyn oedd gwaith ei fywyd i fod. Ac iddo
ef nid dau beth ar wahân oedd dysg a chrefydd.

4

Dadeni dysg, diwygio crefydd, deffro cenedlaethol
—dyma'r mudiadau a oedd ar gerdded trwy Ewrop,
a'r argraffwasg yn llawforwyn hynod effeithiol
iddynt oll. Yn ystod llencyndod Salesbury a'i
gyfnod yn y Brifysgol cafodd y grymusterau hyn
ganolbwynt cyffredin yn y gwaith rhyfeddol a
gyflawnwyd ynglŷn â'r Ysgrythurau—argraffu eu
testunau gwreiddiol, eu cyfieithu o'r newydd i'r
Lladin ac i ieithoedd diweddar, a'u taenu ar led.

Wrth gwrs, ers mil o flynyddoedd Beibl yr Eglwys
yng Ngorllewin Ewrop oedd y Fwlgat, y *Versio
Vulgata* (y Cyfieithiad Cyffredin) a gwblhawyd gan
Jerôm yn o.c. 405. Yng nghwrs y cyfnod maith yma
daethai'r Beibl Lladin hwn mor gyfarwydd nes
anghofio, bron, mai cyfieithiad ydoedd. Ond gyda'r
Dadeni Dysg adenillodd ysgolheigion Gorllewin
Ewrop wybodaeth o ieithoedd gwreiddiol y Beibl,
Hebraeg yr Hen Destament a Groeg y Testament
Newydd. Gwefr nid bychan iddynt oedd cael darllen
yr Ysgrythurau, am y tro cyntaf ers canrifoedd, yn
yr union ieithoedd yr ysgrifennwyd hwy ynddynt.
Aeth yn helfa ar unwaith am hen lawysgrifau o'r
Ysgrythurau yn yr ieithoedd gwreiddiol. Ac wedi eu
cael, y cam nesaf oedd eu hastudio'n fanwl a'u
cymharu â'r Fwlgat Lladin. O'r astudiaeth hon daeth

Wales in these two things. And for him learning and religion were not two separate things.

4

The rebirth of learning, the reformation of religion, the awakening of national consciousness, these were the movements which were on the march throughout Europe, and in the printing press they all found a very effective servant. During Salesbury's youth and his term at the University, these forces found a common centre in the remarkable work done in connection with the Scriptures—the publication of their original texts, their translation into Latin and modern languages and their wide circulation.

Of course, for a thousand years, the Bible of the Church in Western Europe had been the Vulgate, the *Versio Vulgata* (the Common Translation) completed by Jerome in 405 A.D. In the course of these long years, this Latin Bible had become so familiar that it had been almost forgotten that it was a translation. But with the renaissance of learning the scholars of Western Europe regained a knowledge of the Bible's original languages, the Hebrew of the Old Testament and the Greek of the New. It was, indeed, a thrilling experience for them to read the Scriptures for the first time for many centuries in the very languages in which they had been written. At once the hunt was up for ancient manuscripts of the Scriptures in the original tongues. And when these were found they were studied with great care

dwy ffaith i'r amlwg: bod testun y llawysgrifau Hebraeg a Groeg yn aml yn wahanol i destun y Fwlgat, a bod yr esboniad traddodiadol ar nifer o ddarnau o'r Fwlgat heb unrhyw sail iddo yn yr ieithoedd gwreiddiol. I ddynion a oedd yn ceisio diwygio'r eglwys yn ôl safon a gofynion yr Ysgrythurau nid pethau dibwys mo'r rhain. Yr oedd yn rhaid taenu'r wybodaeth hon ar led ar unwaith, a gweithredu i gywiro diffygion y Fwlgat. Y moddion a ddewiswyd i wneud hyn oedd: (1) argraffu'r Hen Destament Hebraeg a'r Testament Newydd Groeg fel y gallai'r neb a wyddai'r ieithoedd hyn chwilio'r mater trosto ef ei hun, a (2) naill ai ddiwygio'r Fwlgat neu roi cynnig ar wneud cyfieithiad Lladin cwbl newydd.

Yn Basle yr argraffwyd y Testament Newydd Groeg am y tro cyntaf, yn 1516. Fe'i golygwyd gan Desiderius Erasmus, 'prif ddyn dysg ein hamserau oll', yn ôl Salesbury, ac fe'i diwygiwyd a'i ailargraffu ganddo yn 1519, 1522, 1527 a 1535. Wedi dyddiau Erasmus cyhoeddwyd argraffiadau diwygiedig gan Robert Estienne (Robertus Stephanus) ym Mharis a Genefa yn 1546, 1549, 1550 a 1551. Heblaw y rhain yr oedd y Cardinal Ximenes, pennaeth yr eglwys yn Sbaen, wedi cyhoeddi'r Testament Newydd Groeg yn 1522 fel un o gyfrolau Beibl Amlieithog Complutum.

Ymhob un o argraffiadau Erasmus ceir mewn colofn gyfochrog â'r Roeg fersiwn diwygiedig

and compared with the Latin Vulgate. From this study two facts emerged: that the text of the Hebrew and Greek manuscripts frequently differed from the text of the Vulgate and that the traditional interpretation of a number of passages in the Vulgate had no basis in the original languages. To men who were striving to reform the church according to the standards and requirements of the Scriptures, these were not insignificant details. This knowledge had to be spread abroad at once and action taken to remedy the defects of the Vulgate. The means decided upon to this end were: (1) to print the Hebrew Old Testament and the Greek New Testament so that anyone who knew these languages might examine the matter for himself, and (2) either to revise the Vulgate or attempt a completely new Latin translation.

It was at Basle, in 1516, that the Greek New Testament was printed for the first time. It was edited by Desiderius Erasmus, 'the head learned man of all our time', according to Salesbury, and it was revised and republished by him in 1519, 1522, 1527 and 1535. After the death of Erasmus revised editions were published by Robert Estienne (Robertus Stephanus) at Paris and Geneva in 1546, 1549, 1550 and 1551. In addition to these, Cardinal Ximenes, the primate of Spain, had published the Greek New Testament in 1522 as one of the volumes of the Complutensian Polyglot Bible.

In each of his editions Erasmus prints his own revised version of the Vulgate in a column parallel

Erasmus o'r Fwlgat. Yn argraffiad 1527 ceir y
Fwlgat ei hun hefyd. Ar waelod y tudalen y mae
sylwadau gan Erasmus yn egluro ei gyfnewidiadau
o'r Fwlgat. O dro i dro ceir yn y sylwadau hyn
feirniadaeth lem ar fywyd ofer llawer o offeiriaid.
Nid yw'n beth syn, felly, i Brifysgol Rhydychen a
phrifysgolion eraill wahardd i'w myfyrwyr ddarllen
llyfrau Erasmus.

Yn yr 'Anogaeth i'r Darllenydd' ar ddechrau ei
Destament y mae gan Erasmus eiriau sy'n dangos yn
glir beth oedd amcan eithaf ei lafur mawr ar y
Testament Newydd:

> Yr wyf yn anghytuno'n ffyrnig â'r rheini na fynnant
> weld cyfieithu'r Ysgrythurau i iaith y bobl a'u darllen
> gan leygwyr, fel petai dysgeidiaeth Crist mor astrus nes
> bod y tu hwnt i amgyffred pawb ond nifer bach iawn o
> ddiwinyddion, neu fel petai diogelwch Cristionogaeth
> yn dibynnu ar anwybodaeth ohoni . . .. Fy nymuniad
> i yw cael pob merch i ddarllen yr Efengyl a darllen
> Epistolau Paul. O na bai y rhain wedi eu cyfieithu i
> holl ieithoedd dynion fel y gallai'r Scotiaid a'r
> Gwyddelod a hefyd y Twrciaid a Saraceniaid eu darllen
> a'u myfyrio.

Y cyntaf i geisio dwyn dibenion Erasmus i ben
oedd Martin Luther. Mewn tri mis (Rhagfyr 1521
hyd Fawrth 1522), yn ystod y cyfnod y bu'n
llochesu yng Nghastell Wartburg ar ôl Diet Worms,
llwyddodd i gwblhau'r drafft cyntaf o'i gyfieithiad
o'r Testament Newydd i'r Almaeneg. Daeth o'r wasg
fis Medi 1522. Ni ellir gorbrisio pwysigrwydd y

with the Greek. In the 1527 edition he gives the Vulgate also. At the bottom of the page are his notes in which he explains his changes in the Vulgate. Sometimes, in these notes, he makes caustic comment on the corrupt lives of many of the priests. It is not surprising, therefore, that Oxford and other universities forbade their students to read the works of Erasmus.

In the 'Exhortation to the Reader' at the beginning of his Testament, Erasmus has a statement which shows clearly what was the ultimate purpose of his immense labour on the New Testament:

> I violently disagree with those who do not want to see the Scriptures translated into the language of the people and read by laymen, as if the teaching of Jesus was so abstruse that it is beyond the understanding of all but a very small number of theologians, or as if the security of Christianity depended on ignorance of it . . .. My wish is that every girl might read the Gospel and read the Epistles of Paul. Would that these had been translated into all the languages of men so that they could be read and studied by Scots and Irishmen, by Turks and Saracens.

The first to attempt to realize the aims of Erasmus was Martin Luther. In the three months (December 1521 to March 1522) whilst he was in hiding in the Wartburg Castle after the Diet of Worms, he managed to complete the first draft of his translation of the New Testament into German. It was published in September 1522. The importance of this transla-

cyfieithiad hwn a chyfieithiad diweddarach Luther
o'r Hen Destament. Dechreuodd draddodiad newydd
yn null cyfieithu'r Ysgrythurau. Daeth yn ddylanwad
parhaol ar iaith a llenyddiaeth yr Almaen. Heblaw
hyn, fel yr ymledai'r Diwygiad Protestannaidd i'r
Swistir, i'r Iseldiroedd ac i wledydd Sgandinafia,
fersiwn Luther, ynghyd ag eiddo Erasmus, oedd
cynorthwyon pennaf cyfieithwyr yr Ysgrythurau yn
y gwledydd hyn. Y mae'r un peth yn wir am y
cyfieithwyr Saesneg ac i ryw fesur am y cyfieithwyr
Cymraeg.

Yr oedd yng Nghymru a Lloegr, fel mewn
gwledydd eraill, gyfieithiadau o'r Ysgrythurau neu o
ddarnau ohonynt cyn y Diwygiad Protestannaidd, ond
cyfieithiadau oeddynt o'r Fwlgat, ac fel y cyfryw ni
allent fodloni ysgolheigion y Dadeni, a fynnai fynd
yn ôl at 'wirionedd yr Hebraeg a'r Roeg'. Fodd
bynnag, yn Lloegr yr oedd 'Rheolau Rhydychen',
a waharddai gyfieithu'r Ysgrythurau a hyd yn oed eu
darllen heb ganiatâd esgob, o hyd mewn grym. Buan
y gorfu i'r ysgolhaig, William Tyndale, sylweddoli
'nad oedd dim lle yn Lloegr gyfan' iddo gyflawni ei
fwriad o gyfieithu'r Testament Newydd Groeg i'r
Saesneg.

Ganed Tyndale yn Sir Gaerloyw 'ar ororau
Cymru' tua 1490, ac fe wyddai ddigon o Gymraeg
i wybod, o leiaf, mai'r ffurf Gymraeg ar John yw
Ifan. Yn ystod ei dymor fel myfyriwr yn Rhydychen
daeth dan ddylanwad syniadau diwygiadol Erasmus

tion, and of Luther's later translation of the Old Testament, cannot be over-estimated. It started a new tradition in Bible translation. It became a continuing influence on the language and literature of Germany. In addition to this, as the Protestant Reformation spread to Switzerland, the Netherlands and the Scandinavian countries, it was Luther's version, along with that of Erasmus, which were the chief aids used by the translators of the Scriptures in those countries. The same is true of the English translators and in some measure of the Welsh translators.

There were translations of the Scriptures, or of portions of them, in England and Wales, as in other countries, before the Protestant Reformation, but they were translations of the Vulgate, and as such could not satisfy the Renaissance scholars who insisted on going back to the 'Hebrew and Greek verity'. However, in England the 'Constitutions of Oxford', which forbade the translation and even the reading of the Scriptures without a bishop's permission, were still in force. A scholar like William Tyndale was quickly made to realize 'that there was no place in all England' for him to carry out his intention of translating the Greek New Testament into English.

Tyndale was born in Gloucestershire, 'about the borders of Wales', c. 1490, and he knew enough Welsh to know, at least, that the Welsh form of 'John' was 'Ifan'. During his student days at Oxford he came under the influence of Erasmus' reforming

a syniadau mwy chwyldroadol Martin Luther. Wrth
geisio taenu'r syniadau hyn daeth i weld 'ei bod yn
amhosibl argyhoeddi lleygwyr o unrhyw wirionedd,
oni osodir yr Ysgrythur yn eglur ger bron eu llygaid
yn iaith eu mam'. Mewn dadl â gwrthwynebydd
eglwysig yn fuan wedi gadael Rhydychen dengys
ei fod eisoes wedi cysegru ei fywyd i'r diben
hwn:

> Os arbed Duw fy mywyd, paraf i'r bachgen sy'n
> gyrru'r aradr wybod mwy o'r Ysgrythur na thi.

I ddwyn yr amcan hwn i ben cefnodd Tyndale ar
Loegr a hwylio am y Cyfandir yn 1524. Erbyn 1526
yr oedd copïau o'i gyfieithiad cyntaf o'r Testament
Newydd yn cyrraedd Lloegr. Fe'u gwaharddwyd ar
unwaith, a'u casglu i'w llosgi yn gyhoeddus. Am y
deng mlynedd nesaf, er ar ffo'n barhaus rhag ei
elynion eglwysig, bu wrthi'n ddygn yn cyfieithu
darnau helaeth o'r Hen Destament, yn ysgrifennu
llyfrau diwinyddol ac yn paratoi argraffiad diwyg-
iedig o'i Destament Newydd, a gyhoeddwyd yn
1534 ac eilwaith yn 1535. Daeth y gweithgarwch
hwn i ben pan ddaliwyd ef gan ei erlidwyr a'i
garcharu yng nghastell Vilvorde ger Brussels. Bu
farw wrth y stanc fis Hydref 1536. Tybed a ddaeth
yr hanes i glustiau'r llanc ifanc, William Salesbury,
yng Nghogledd Cymru?

Yn ôl traddodiad gair olaf Tyndale wrth y stanc
oedd y weddi: 'Arglwydd, agor lygaid Brenin

ideas and of Luther's more revolutionary ideas.
Whilst trying to propagate these views he came to
realize 'that it was impossible to establish the lay
people in any truth, except the scripture were plainly
laid before their eyes in their mother tongue'. In a
debate with an ecclesiastical opponent, shortly after
leaving Oxford, he shows that he had already decided
upon his life's work:

> If God spare my life, I will cause a boy that driveth
> the plough shall know more of the Scripture than
> thou dost.

With this purpose in view Tyndale left England and
sailed for the Continent in 1524. By 1526 copies of
his first translation of the New Testament were
reaching England. They were promptly banned and
ordered to be collected and publicly burnt. For the
next ten years, although constantly a fugitive from
his ecclesiastical enemies, he kept at it sedulously
translating lengthy portions of the Old Testament,
writing theological books and preparing a revised
edition of his New Testament, which was published
in 1534 and again in 1535. This activity came to an
end when he was arrested by his persecutors and
imprisoned in the castle of Vilvorde near Brussels.
He died at the stake October 1536. Did the story of
his life and death come to ears of the young lad,
William Salesbury, in North Wales?

According to tradition Tyndale's last word at the
stake was the prayer: 'Lord, open the King of
England's eyes'. Tyndale knew of the quarrel

Lloegr'. Fe wyddai Tyndale am y cweryl rhwng
Harri VIII a'r Pab, ac am sefydlu Eglwys Loegr.
Peth na allai wybod amdano oedd bod Beibl Saesneg
a dynnai'n helaeth ar ei gyfieithiad ei hun yn cylch-
redeg yn Lloegr heb ddim gwrthwynebiad o du'r
Brenin. Gwaith Myles Coverdale oedd hwn, gŵr a
fu'n gydymaith i Tyndale ar y Cyfandir. Ni feddai
Coverdale ar ysgolheictod Tyndale yn yr ieithoedd
gwreiddiol, ond yr oedd ganddo yr un sêl tros gael
yr Ysgrythurau yn Saesneg. Pan welodd yr erlid ar
ei gyfaill a'i garcharu, aeth ati, yn ôl ei allu, i lunio
Beibl Saesneg seiliedig ar gyfieithiadau Tyndale a'r
fersiynau Lladin ac Almaeneg. Daeth y Beibl hwn
o'r wasg ym mis Hydref 1535. Er ei garcharu a'i
ladd wrth y stanc, yr oedd gwaith Tyndale yn mynd
rhagddo. Amlygir hyn yn gliriach fyth yn y Beibl a
gyhoeddwyd yn 1537, 'Beibl Mathew' fel y'i galwyd,
canys cyfieithiad Tyndale, argraffiad 1535, yw
Testament Newydd y Beibl hwn, a chyfieithiadau
Tyndale hefyd lle bynnag yr oeddynt ar gael sydd
yn yr Hen Destament. O Feibl Coverdale y daw'r
gweddill. Y mae'n bur debyg y galwyd y Beibl hwn
yn Feibl Mathew er mwyn celu ei gysylltiad â
Tyndale. Yr oedd enw Tyndale dan gabl yn Lloegr
o hyd. Y mae'n amlwg i'r ystryw gyrraedd ei
hamcan, oherwydd cafodd Beibl Mathew ynghyd â
Beibl Coverdale drwydded y Brenin yn 1537. Ond ni
olygai'r trwyddedu hyn ddim mwy na bod perchen-
ogi'r Beiblau hyn a'u darllen yn rhydd o gosb,
bellach.

between Henry VIII and the Pope and the establish-
ment of the Church of England. What he could not
have known was that an English Bible which drew
largely on his own translation was in circulation in
English without any opposition from the King. This
was the work of Myles Coverdale, who had been a
companion of Tyndale's on the Continent. He did
not possess Tyndale's scholarship in the original
languages but he was an equally zealous advocate of
the Scriptures in English. When he saw his friend
harried and imprisoned he took upon himself to
prepare, according to his ability, an English Bible
based on Tyndale's translations and the Latin and
German versions. This Bible was published in
October 1535. In spite of his imprisonment and his
death at the stake, Tyndale's work was going ahead.
This is seen even more clearly in the so-called
'Matthew Bible', published in 1537, for it is
Tyndale's translation, in the 1535 edition, which is
the New Testament of this Bible, and it is Tyndale's
translation, wherever available, which is found in the
Old Testament. The rest is taken from Coverdale's
Bible. It is probable that this Bible was called the
Matthew Bible in order to conceal its connection
with Tyndale. Tyndale's name was still maligned in
England. The ruse obviously succeeded because the
Matthew Bible as well as Coverdale's were licensed
by the King in 1537. But this licensing meant no
more than that the possession and reading of these
Bibles were now freed from penalty.

Y rhain oedd y dyddiau pan oedd Thomas Cromwell mewn awdurdod fel prif swyddog y Brenin mewn materion eglwysig. Ei ddymuniad ef oedd gweld Eglwys Loegr yn mynd rhagddi yn gyflym i gyfeiriad mwy Protestannaidd, ac i'r diben hwn yr oedd yn bleidiol iawn i gyfieithu'r Beibl i Saesneg. Ond yr oedd gwrthwynebiad pendant. Credai rhai y byddai cael nifer o gyfieithiadau gwahanol yn sicr o beri dryswch ac o dynnu dan seiliau awdurdod yr unig Feibl. Credent yr un mor bendant fod Saesneg cartrefol beiblau Tyndale a Coverdale yn diraddio'r efengyl. Wrth gwrs, dilyn patrwm Luther yr oedd y cyfieithwyr Saesneg. Arfer Luther wrth gyfieithu oedd gofyn sut y byddai Almaenwr cyffredin yn mynegi ystyr geiriau'r gwreiddiol. I gael ateb âi i'r farchnad a gwrando ar ymadroddion Almaenwyr cyffredin wrth eu gorchwylion beunyddiol. Ac yn ôl priod-ddull a geirfa'r iaith lafar a glywodd yno y lluniodd ei gyfieithiad, gan anwybyddu pob manion yn y gwreiddiol nad oedd yn trosi'n hawdd i'r Almaeneg. A'r un dull a geir gan Tyndale. Fel Luther, ei unig ofal yw cael gan yr Ysgrythurau lefaru mewn iaith a fyddai'n ddealledig gan bobl gyffredin. Aeth Coverdale gam ymhellach trwy wrthod, hyd y gallai, bob gair o dras Lladin, a chyfyngu geirfa'i gyfieithiad i eiriau cwbl Seisnig. Ond i lawer a oedd wedi eu magu yn sŵn mawreddog y gwasanaeth a'r Beibl Lladin yr oedd rhywbeth chwithig, onid cableddus, yn y cais hwn i wisgo'r

These were the days when Thomas Cromwell was
in power as the King's chief agent in ecclesiastical
affairs. It was his wish to see the Church of England
move rapidly in a more Protestant direction and to
this end he was a strong supporter of the translation
of the Bible into English. But there was definite
opposition. Some believed that to have a variety of
translations could not fail to cause confusion and
undermine the authority of the one Bible. They were
equally firm in their belief that the homely English
of Tyndale's Bible and of Coverdale's degraded the
gospel. The English translators, of course, were
following the pattern set by Luther. As Luther
worked at his translation it was his practice to ask
how an ordinary German would express the meaning
of the words of the original. For an answer he would
go to the market place and listen to the speech of
ordinary people at their daily tasks. And he deliber-
ately moulded his translation on the vocabulary and
the idiom of the spoken word which he had heard
there, ignoring all the petty details in the original
which did not turn easily into German. Tyndale
adopted the same method. Like Luther, his only
concern was to get the Scriptures to speak in a
language which would be understood by the common
people. Coverdale went a step further in that he
avoided, as far as possible, the use of any word of
Latin origin and restricted the vocabulary of his
translation to thoroughly English words. But for
those who had been brought up in the majestic sound

efengyl dragwyddol yn iaith bob dydd maes a
marchnad. Ysgrifennodd yr Esgob Gardiner:

> Y mae crefydd wedi parhau ynddynt hwy [Groeg a
> Lladin] 1500 o flynyddoedd, ond am yr iaith Saesneg,
> nid yw hi ei hun wedi parhau mewn un dull o'i deall
> 200 mlynedd; a heb waith Duw a gwyrth arbennig,
> nid yw'n debyg y ceidw grefydd yn hir, pan nad all hi
> ei hun bara.

Yn wyneb y dadleuon hyn, a'u bath, penderfynodd
Thomas Cromwell gael un Beibl Saesneg awdurdod-
edig, a hwnnw, o ran urddas iaith a'i gynnwys, yn un
a allai gystadlu â'r Beibl Lladin ei hun. Ymddiriedodd
y gwaith o'i baratoi i Myles Coverdale, a'i gyfar-
wyddo i gymryd Beibl Mathew fel sylfaen, a'i
ddiwygio yn ôl testun y Fwlgat ac yn ôl cywirdeb
manwl a safon lenyddol cyfieithiad Lladin Erasmus.
Erbyn mis Medi 1538 yr oedd digon o'r gwaith
wedi ei gwblhau i Cromwell, yn enw'r Brenin, allu
cyhoeddi yn ei Orchmyniadau i'r clerigwyr:

> Item, eich bod i ddarparu, cyn Gŵyl yr Holl Saint
> a ddaw nesaf, un copi o'r Beibl cyfan o'r maintioli
> mwyaf yn Saesneg, a gosod yr unrhyw mewn rhyw
> fan cyfleus oddi mewn i'r eglwys honno sydd yn eich
> gofal lle byddo'n fwyaf hwylus i'ch plwyfolion droi ato
> a'i ddarllen.

Dyma'r awdurdodi cyntaf, ac yn wir, yr unig
awdurdodi a fu ar fersiwn Saesneg.

Daeth y 'Beibl Mawr', fel y gelwir y fersiwn hwn,
o'r wasg yn 1539. Y mae'n amlwg i Coverdale

of the Latin service and the Latin Bible there was something wrong, if not blasphemous, in this attempt to express the eternal gospel in the everyday language of the field and the market place. Bishop Gardiner wrote:

> Religion hath continued in them [Latin and Greek] 1500 years, but as for the English tongue, itself hath not continued in one form of understanding 200 years; and without God's work and special miracle shall hardly contain religion long, when it cannot last itself.

In view of these arguments, and their like, Thomas Cromwell decided to set up one authorized English Bible which, with regard to dignity of language and its content, could compete with the Latin Bible itself. He entrusted its prepration to Myles Coverdale and instructed him to take the Matthew Bible as a basis revising it according to the text of the Vulgate and according to the strict accuracy and the literary standards of Erasmus' Latin version. The work had so far progressed by September 1538 that Cromwell, in the King's name, could proclaim in his Injunctions to the clergy:

> Item, that ye shall provide, on this side the feast of All Saints next coming, one book of the whole Bible of the largest volume in English, and the same set up in some convenient place within the said church that ye have cure of, whereas your parishioners may most commodiously resort to the same and read it.

This is the first, and, indeed, the only authorization of an English version.

gadw'n agos at gyfarwyddiadau Cromwell. Lle bu
Tyndale yn barod i anwybyddu geiryn cysylltiol neu
i ychwanegu gair esboniadol, i amrywio'r cyfieithu
neu i aralleirio ymadrodd, cais y Beibl Mawr ddilyn
y Fwlgat ac Erasmus yn eu ffyddlondeb llythrennol i
gystrawen a geirfa'r gwreiddiol. Adferodd Coverdale
y darlleniadau o'r Fwlgat a adawyd allan gan Feibl
Mathew am nad oeddynt yn y gwreiddiol, ond er
mwyn gwahaniaethu rhwng y Fwlgat a 'gwirionedd y
testunau Hebraeg a Groeg' argraffodd yr ychwaneg-
iadau hyn mewn teip manach a'u gosod oddi mewn
i gromfachau.

Eithr nid oedd cymrodeddu'r Beibl Mawr yn
ddigon i fodloni'r ceidwadwyr, ac wedi dienyddio
Thomas Cromwell fel bradwr a heretig yn haf 1540,
eu dylanwad hwy oedd ben. Methasant â dirymu'r
Gorchmyniad i osod y Beibl Mawr yn yr eglwysi,
ond yng Nghonfocasiwn 1542 penderfynodd yr
esgobion fod dal at y Beibl Mawr heb ei gywiro yn
ôl y Fwlgat 'yn dramgwydd, yn gyfeiliornad ac
yn rhwystr pendant i bobl Crist'. Codwyd dau
bwyllgor i ymgymryd â'r diwygio, ac fel cam cyntaf,
rhestrodd yr Esgob Gardiner gant o eiriau Lladin o'r
Fwlgat y dymunai 'o achos eu hystyr briod a naturiol
ac urddas y peth a fynegir ganddynt' eu cadw yn y
Beibl Saesneg heb newid ond y peth lleiaf posibl ar
eu ffurf Ladin. Nid oedd y bwriad hwn wrth fodd
calon yr Archesgob Cranmer o gwbl, a llwyddodd
i'w rwystro trwy gael gan y Brenin drosglwyddo'r

The 'Great Bible', as this version is called, was published in 1539. It is clear that Coverdale kept closely to Cromwell's instructions. Where Tyndale could ignore a connecting particle or add an explanatory word, vary the translation or paraphrase a sentence, the Great Bible seeks to follow the Vulgate and Erasmus in their literal fidelity to the syntax and vocabulary of the original. Coverdale restored those readings of the Vulgate which had been left out by the Matthew Bible because they were not in the original, but, in order to distinguish clearly between the Vulgate and the 'verity of the Hebrew and Greek texts', he printed these additions in a smaller type and placed them within brackets.

But the compromises of the Great Bible did not satisfy the conservatives and, after the execution of Thomas Cromwell as a traitor and heretic in the summer of 1540, their influence prevailed. They failed, however, to have the Injunction to place the Great Bible in the churches annulled, but in the 1542 Convocation the bishops resolved that to continue with the Great Bible uncorrected by the Vulgate would be 'a scandal, a heresy and a definite offence to the faithful people of Christ'. Two committees were set up to undertake the revision and, as a first step, Bishop Gardiner listed a hundred Latin words from the Vulgate which he desired, 'for their proper and natural meaning and the majesty of the thing expressed thereby', to be retained in the English Bible with the least possible change in their Latin

diwygio i'r Prifysgolion, ac yno darfu amdano.
Yr oedd William Salesbury yn fyfyriwr yn Rhyd-
ychen ar y pryd, ac y mae'n ddiogel tybio i'r ddadl
hon wneud argraff ddofn arno.

Ond mynd ar gynnydd yr oedd yr adwaith
Catholig, gan gyrraedd ei anterth yn y llosgi
cyhoeddus a fu ar Destamentau Tyndale a Coverdale
wrth Groes St. Paul fis Medi 1546. Eithr yn Ionawr
1547 bu farw Harri VIII, a chipiwyd awenau'r
llywodraeth gan wŷr a oedd yn bleidiol iawn i
Brotestaniaeth. (Llanc naw mlwydd oed oedd
Edward VI.) Ailgyhoeddwyd ar unwaith Orchmyn-
iad brenhinol 1538 i osod 'y Beibl cyfan o'r
maintioli mwyaf yn Saesneg' yn eglwys pob plwyf.
Ailargraffwyd Testament Newydd Tyndale lawer
gwaith, a hefyd Destament Coverdale. Eithr fe
ddichon mai cyhoeddiad pwysicaf y blynyddoedd
hyn oedd y Llyfr Gweddi Gyffredin Saesneg, camp-
waith yr Archesgob Cranmer. Daeth o'r wasg yn
nechrau 1549, ac yn ôl Deddf Unffurfiaeth y
flwyddyn honno, hon oedd yr unig ffurf ar addoliad
cyhoeddus a oedd i'w harfer oddi mewn i diriog-
aethau'r Brenin ar ôl y Sulgwyn 1549. Ni ddarpar-
wyd dim ar gyfer y rheini o ddeiliaid y Brenin nad
oedd Saesneg ddim gronyn mwy dealladwy iddynt
na Lladin, sef, gwŷr Cernyw ac Ynys Manaw,
brodorion Calais a'r Channel Islands, y Gwyddelod
a'r Cymry. Gwrthododd clerigwyr Iwerddon y llyfr,
ac yng Nghernyw codwyd gwrthryfel yn erbyn yr

form. This design was not looked upon with any favour by Archbishop Cranmer and he managed to put a stop to it by getting the King to transfer the work of revision to the Universities, where nothing came of it. William Salesbury was a student at Oxford at this time and it is a safe assumption that this debate made a deep impression on him.

But the Catholic reaction was growing apace, reaching its peak in the public burning of Tyndale's and Coverdale's Testaments at St. Paul's Cross September 1546. But in January 1547 Henry VIII died, and the reins of Government were seized by men who strongly championed the cause of Protestantism (Edward VI was only nine years old). At once the royal Injunction of 1538 to set up 'the whole Bible of the largest volume in English' was repromulgated and the ban on the Tyndale and Coverdale versions was lifted. Tyndale's New Testament was reprinted several times and likewise Coverdale's Testament. But perhaps the most important publication of these years was the English Book of Common Prayer, Archbishop Cranmer's masterly achievement. It was published at the beginning of 1549 and according to the Act of Uniformity of that year, this was the only form of public worship to be used within the King's realm after Whitsun 1549. No provision was made for those of the King's subjects whose English was as scant as their Latin, namely, the men of Cornwall and the Isle of Man, the natives of Calais and the Channel Islands, the

hyn a ystyrid yn gais cableddus i ddiraddio gwasan-
aeth yr Eglwys i lefel 'drama Nadolig'. Yr oedd
arwyddion peth anesmwythyd yng Nghymru hefyd.
Efallai mai'r cyfwng hwn a fu'n symbyliad i William
Salesbury fwrw ati'n ddiymdroi i wireddu ei freudd-
wyd o gael yr Ysgrythurau yn y Gymraeg.

Y mae yn y Llyfr Gweddi Lithiau, sef darnau o'r
Ysgrythurau, o'r Testament Newydd gan mwyaf,
sydd i'w darllen yn y Cymun Sanctaidd bob Sul a
Gŵyl drwy'r flwyddyn. Fe'u gelwir yn Epistolau ac
Efengylau. Yn Llyfr Gweddi 1549 yr oedd y
Llithiau hyn wedi eu cymryd, heb newid nemor
ddim arnynt, o'r Beibl Mawr. A chyda'r Llithiau
hyn y penderfynodd Salesbury ddechrau ar y gwaith
mawr o gyfieithu'r Ysgrythurau i'r Gymraeg.

5

Yr oedd Salesbury erbyn hyn wedi gadael y
Brifysgol, ac ar ôl tymor yn Ysbytai'r Frawdlys yr
oedd yn awr, fe ddichon, yn dwrnai yng ngwasanaeth
yr Arglwydd Ganghellor. Ond ar wasanaethu Cymru
yr oedd bryd Salesbury. Eisoes cyn marw Harri VIII
yr oedd ef a John Waley wedi llwyddo i gael gan y
Brenin hwnnw drwydded:

    i argraffu neu i beri argraffu ein llyfr â'r teitl
    Geiriadur yn Saesneg a Chymraeg, fel drwyddo y
    gallo'n deiliaid annwyl yng Nghymru ddyfod yn gynt
    i ddysgu ein hiaith Saesneg bur a'i medru. . . . . Ac nad
    oes unrhyw berson neu bersonau . . . i argraffu neu i
    beri argraffu unrhyw lyfr neu lyfrau eraill y bydd i'n

Irish and the Welsh. The Irish clergy rejected the book and Cornwall saw an uprising against what was deemed to be a blasphemous attempt to degrade the Church service to the level of a 'Christmas play'. There were signs of some unrest in Wales also. Perhaps it was this situation which impelled Salesbury to take immediate steps to realize his dream of having the Scriptures in Welsh.

The Prayer Book contains Lessons, that is, portions of Scripture, taken mostly from the New Testament, which are read at Holy Communion every Sunday and Holy Day throughout the year. They are known as Epistles and Gospels. In the 1549 Prayer Book these Lessons had been taken, with hardly any change, from the Great Bible. It was with these Lessons that Salesbury decided to begin the great task of translating the Scriptures into Welsh.

5

Salesbury by this time had left the University and, after a period at the Inns of Court, was now, possibly, a lawyer in the service of the Lord Chancellor. But his heart was set on serving Wales. Already, before the death of Henry VIII, he and John Waley had obtained from the King a licence:

> to print or cause to be printed our book entitled a Dictionary both in English and Welsh, whereby our well-beloved subjects in Wales may the sooner attain and learn our mere English tongue . . . .. And that none other person or persons . . . do print or cause to be

dywededig ddeiliaid William a John neu'r naill
ohonynt, eu cyfieithu a'u cyhoeddi ar ôl hyn yn ystod
y saith mlynedd nesaf sy'n dilyn argraffu cyntaf unrhyw
lyfr neu lyfrau o'r fath.

Y mae'n bur debyg mai ei awydd i gael gan ei
ddeiliaid yng Nghymru 'ddod yn gynt i ddysgu . . .
Saesneg a'i medru' a barodd i Harri VIII roddi'r
drwydded hon, ond yr hyn a barai i galon Salesbury
lamu oedd y cyfeiriad at y llyfrau eraill y byddai iddo
'eu cyfieithu a'u cyhoeddi ar ôl hyn'. Ac yn wir, yn
ystod y blynyddoedd 1547–51, cyhoeddwyd saith
lyfr o waith Salesbury a phob un ohonynt, heblaw ei
werth cynhenid, yn rhyw fath o baratoad ar gyfer y
dasg fawr o gyfieithu'r Ysgrythurau i Gymraeg.

Yr oedd tri o'r llyfrau, y Geiriadur a grybwyllir yn
y drwydded, *Oll Synnwyr pen Kembero ygyd*, 1547 (?),
a *A briefe and a playne introduction* (Arweiniad byr ac
eglur), 1550, yn ymwneud yn uniongyrchol â'r iaith
Gymraeg. Yr oedd un, *The Description of the Sphere
or Frame of the Worlde* (Y Disgrifiad o Gylch neu
Ffrâm y Byd), 1550, yn ymarfer mewn cyfieithu o'r
Lladin. Mewn dau o'r llyfrau, *The baterie of the
Popes Botereulx* (Cyrch ar Gaer y Pab), 1550, a
Ban wedy i dynnu air yngair o hen gyfreith Howel dda,
1551, y mae Salesbury yn trafod rhai o egwyddorion
y Diwygiad Protestannaidd, pwnc nid amherthnasol
i'r bwriad o gyfieithu'r Ysgrythurau i iaith y bobl.
Ac yn *Kynniver llith a ban*, 1551, ceir cais cyntaf
Salesbury i gyfieithu rhannau o'r Ysgrythur. Fe

printed any other book or books which our said subjects William and John or either of them, hereafter do or shall translate and set forth during the seven years next ensuing the first printing of any such book or books.

It may well be that it was his eagerness to get his subjects in Wales sooner to 'attain and learn our mere English tongue' that prompted Henry VIII to grant this licence but what made Salesbury's heart beat faster was the reference to the other books which he should 'hereafter translate and set forth'. And indeed, during the years 1547–51, seven works by Salesbury were published and each one of them, apart from its inherent value, was a kind of preparation for the great task of translating the Scriptures into Welsh.

Three of the books, the Dictionary referred to in the licence, *Oll Synnwyr pen Kembero ygyd* (All the Welshman's Wisdom), 1547, and *A briefe and a playne introduction*, 1550, dealt directly with the Welsh language. One, *The Description of the Sphere or Frame of the Worlde*, 1550, was an exercise in translating from Latin. In two of the books, *The baterie of the Popes Botereulx*, 1550, and *Ban wedy i dynnu air yngair o hen gyfreith Howel dda* (An article taken word by word from the old law of Howel the Good), 1551, Salesbury discusses some of the principles of the Protestant Reformation, a topic not unrelated to his intention of translating the Scriptures into the language of the people. And in *Kynniver llith a ban* (All the lessons and articles),

ddylid nodi mai llyfrau Cymraeg y rhestr hon yw'r llyfrau Cymraeg cyntaf i'w hargraffu, ar wahân i lyfryn Syr John Prys *Yn y lhyvyr hwnn*.

6

Y mae teitl cyflawn *Kynniver llith a ban*, a geir ar ei wynebddalen, yn darllen fel a ganlyn:

KYNNIVER
llith a ban or yscry
thur lan ac a ddarlleir yr Eccleis pryd
Commun / y Sulieu a'r Gwilieu
trwy'r vlwyddyn: o Cam=
bereiciat / W.S.

Ar ddechrau'r llyfr y mae llythyr annerch mewn Lladin i'r pum esgob yr oedd ganddynt Gymry yn eu gofal, Robert Ferrar esgob Tyddewi, Anthony Kitchen esgob Llandâf, Arthur Bulkeley esgob Bangor, Robert Parfew esgob Llanelwy a John Skip esgob Henffordd (yr oedd Cymry Cymraeg yn esgobaeth Henffordd y dyddiau hynny). Ymhlith pethau eraill y mae Salesbury yn yr annerch hwn yn ceryddu'r esgobion am eu diofalwch ynglŷn â chyfieithu'r Ysgrythurau i iaith y bobl, yn cyffesu iddo ymgymryd â'r cyfieithu fel un a aned cyn pryd, yn cynnig ei waith i'w archwilio, i'w gywiro ac yn wir i'w wrthod os gellid cael ei well ac yn tynnu sylw at debygrwydd cystrawen yr Hebraeg a'r Gymraeg. Y mae'n ddiddorol sylwi y ceir pob un o'r

1551, we have Salesbury's first attempt at translating portions of the Scriptures. It is worthy of note that the Welsh books of this list were the first Welsh books to be printed with the sole exception of the little book of Sir John Prys, *Yn y lhyvyr hwnn*.

6

The full title of *Kynniver llith a ban*, found on the title-page, reads (in translation) as follows:

All
the lessons and articles of Holy
Scripture which are read to the Church at
Communion, on Sundays and Holy Days
throughout the year: translated
into Welsh, by W.S.

The book opens with a letter of address in Latin to the five bishops who had Welshmen in their charge, Robert Ferrar the bishop of St. David's, Anthony Kitchen bishop of Llandaff, Arthur Bulkeley bishop of Bangor, Robert Parfew bishop of St. Asaph and John Skip bishop of Hereford (there were Welsh-speaking Welshmen in the diocese of Hereford in those days). Amongst other things, Salesbury in this address chides the bishops for their lack of interest in the translation of the Scriptures into the vernacular, confesses that he undertook the translation as a man born out of due time, offers his work to be examined, to be corrected and indeed to be rejected if a better could be had and draws attention to the similarity of

pwyntiau hyn, a hynny yn yr un geiriau bron, yn
rhagymadroddion Tyndale i'w gyfieithiadau ef. Fe
ddichon i Salesbury ddyfod at ysgrifennu'r darn
hwn yn syth o ddarllen gweithiau Tyndale, a oedd
yn cael eu hailargraffu mor aml y blynyddoedd
hynny. A thybed nad oedd hi'n amcan ymwybodol
ganddo i roi i Gymru yr un gwasanaeth ag a roes
Tyndale i Loegr?

Yn y paragraff lle mae Salesbury yn gwahodd
arbenigwyr i archwilio ei waith y mae ganddo
sylwadau diddorol iawn ar ei ddulliau cyfieithu:

> Ond dalient sylw ar hyn gyda llaw, imi gadw rheol
> gaeth cyfieithu ac imi beidio ag arfer rhyddid un yn
> aralleirio. Ym Mathew dilynais, i raddau helaeth, y
> testun Hebraeg, nid am fod y Roeg yn ddibris gennyf,
> ond am fod yr ymadrodd Hebraeg yn debycach i'n
> heiddo ni. Ond ymhob dim arall i'w gyfieithu rhoddais
> bwys mawr ar y Roeg gan ddewis (fel y dylid) y
> ffynnon o flaen yr afon.

Y cwestiwn cyntaf a godir gan y dyfyniad hwn yw
beth yn hollol yw ystyr y geiriau 'ym Mathew
dilynais i raddau helaeth y testun Hebraeg'. Fel y
mae'n hysbys, nid Hebraeg ond Groeg yw iaith
wreiddiol Efengyl Mathew. Ond nodweddir yr
Efengyl hon gan ei dyfyniadau aml o'r Hen
Destament. Fel y digwydd, nid yw'r dyfyniadau
hyn ym Mathew yn gyfieithiad uniongyrchol o'r
Hebraeg. Y maent wedi eu cymryd o gyfieithiadau
Groeg cynnar o'r Hen Destament, a oedd yn tueddu

Hebrew and Welsh syntax. It is interesting to note that each of these points, expressed in almost the same words, is found in Tyndale's introductions to his translations. It may well be that Salesbury came to the writing of this piece straight from his reading of Tyndale's works which were being republished so often in those years. Might it not be that it was Salesbury's conscious purpose to render Wales the same service that Tyndale had given England?

In the paragraph where Salesbury invites specialists to examine his work he makes some very interesting observations on his methods of translation:

> But let them note this by the way, that I have kept to the strict rule of translation, and have not used the freedom of one who paraphrases. In Matthew I have followed the Hebrew text in large measure, not from any disregard for the Greek but because the Hebrew phrase is more like our own. But in all else to be translated, I have set great store by the Greek, preferring (as is right) the spring to the river.

The first question raised by this quotation is what is the exact meaning of the words 'In Matthew I have followed the Hebrew text in large measure'. As is well known the original language of the Gospel of Matthew is not Hebrew but Greek. But one of the chief characteristics of this Gospel is its frequent quotation from the Old Testament. As it happens these quotations in Matthew are not a direct translation from Hebrew. They have been taken from early Greek translations of the Old Testament which tend

at aralleirio yn hytrach na chyfieithu llythrennol.
Am hynny y mae'r dyfyniadau hyn yn eu ffurf
Roeg yn Efengyl Mathew yn gwahaniaethu'n aml
oddi wrth eu ffurf wreiddiol Hebraeg yn yr Hen
Destament. A'r hyn a wnaeth Salesbury oedd cyf-
ieithu testun Hebraeg y dyfyniadau hyn yn hytrach
na'u testun Groeg. Y dyfyniad cyntaf o'r Hen
Destament yn Efengyl Mathew yw hwnnw yn i.23.
Ceir cyfieithiad o Roeg Mathew yn ein Testament
Cymraeg presennol fel a ganlyn:

> Wele, morwyn a fydd feichiog, ac a esgor ar fab;
> a hwy a alwant ei enw ef Emanuel.

Ond cyfieithiad *Kynniver llith a ban* yw:

> Nychaf / morwyn veichioc a yscor ar vap ac a elwy
> i enw yn Nghimanwel.

Y mae hwn yn gyfieithiad llythrennol o Hebraeg
Eseia vii.14, ac y mae 'Nghimanwel' yn gais i gadw
at ffurf Hebraeg yr enw.

Cwestiwn arall yw beth yn union oedd meddwl
Salesbury wrth ysgrifennu 'ymhob dim arall i'w
gyfieithu rhoddais bwys mawr ar y Roeg gan ddewis
y ffynnon o flaen yr afon'. Y mae'n arwyddocaol, ac
efallai yn siom, na all Salesbury ddweud yn syml
'ymhob dim arall cyfieithais y testun Groeg'. Ond y
gwir yw nad oes un o gyfieithiadau'r unfed ganrif ar
bymtheg, beth bynnag fo'i iaith, y gellir dweud
amdano ei fod yn drosiad uniongyrchol o'r Roeg.
Ni fentrodd Erasmus ar fwy na diwygio'r Fwlgat.

to paraphrase rather than translate literally. As a result these quotations in their Greek form in the Gospel of Matthew often differ from their original Hebrew form in the Old Testament. And what Salesbury does is to translate the Hebrew text of these quotations rather than their Greek text. The first quotation from the Old Testament in the Gospel of Matthew is that found at i.23. A translation of Matthew's Greek is given in the King James' Bible as follows:

> Behold, a virgin shall be with child, and shall bring forth a son, and they shall call his name Emmanuel.

But the translation in *Kynniver llith a ban* could be rendered in English:

> 'Lo, a pregnant maid shall give birth to a son and thou shalt call his name Nghimanwel.'

This is a literal translation of the Hebrew of Isaiah vii.4 and 'Nghimanwel' is an attempt to keep to the Hebrew form of the name.

Another question is what exactly did Salesbury intend by writing 'But in all else to be translated, I have set great store by the Greek, preferring the spring to the river'. It is significant, and perhaps disappointing, that Salesbury cannot say simply 'In all else I translated the Greek text'. But the truth is that there is not one of the sixteenth-century translations, whatever its language, of which it could be said that it was a direct translation of the Greek. Erasmus attempted no more than a revision of the

Defnyddiodd Luther y Fwlgat, a fersiwn Erasmus a'i
Nodiadau. Y mae hyn yr un mor wir am Tyndale,
ond bod Tyndale yn nyled Luther hefyd. Addasiad
a chyfieithiad o gyfieithiadau yw Beibl Coverdale a'r
Beibl Mawr. Dyma'r 'afon' neu'r traddodiad o
gyfieithu ysgrythurol na freuddwydiai neb o gyfieith-
wyr yr unfed ganrif ar bymtheg (na chyfieithwyr
canrifoedd diweddarach chwaith) ei anwybyddu wrth
gynnig ar fersiwn newydd o'r Ysgrythurau. Eithr
myn Salesbury yr hawl i wrthod y traddodiad hwn
os caiff ei fod yn gŵyro oddi wrth 'wirionedd' y
gwreiddiol Hebraeg a Groeg.

Gallwn ddyfalu felly mai rhywbeth tebyg i'r hyn
a ganlyn oedd dull Salesbury o gyfieithu. O'i flaen
byddai Llithiau'r Llyfr Gweddi, a'r rheini fel y
gwelwyd wedi eu cymryd o'r Beibl Mawr. Dyma'r
cyfieithiad diweddaraf, a dyma'r fersiwn awdurdod-
edig. Wrth ochr y Llithiau byddai testun Groeg y
Testament Newydd yn un o argraffiadau Erasmus,
ac fe gofir bod argraffiadau Erasmus o'r Testament
Newydd Groeg yn cynnwys ei gyfieithiad Lladin a'i
nodiadau esboniadol, a bod argraffiad 1527 yn cyn-
nwys y Fwlgat hefyd. Heblaw'r ddwy gyfrol hon y
mae'n bur sicr y ceid Testament Newydd Tyndale ar
ei fwrdd, a hefyd, fe ddichon, Destament Almaeneg
Luther. Man cychwyn y cyfieithu fyddai cymharu'r
Llithiau Saesneg â'r Roeg, ac o'u cael yn drosiad
cywir eu cyfieithu i'r Gymraeg. Ond os câi Salesbury
y Llithiau yn anfoddhaol, byddai'n troi yn gyntaf oll

Vulgate. Luther used the Vulgate and Erasmus' version and notes. This is equally true of Tyndale except that Tyndale is indebted to Luther as well. Coverdale's Bible and the Great Bible are adaptations and translations of translations. This is the 'river' or the tradition of scriptural translation which none of the sixteenth-century translators (or the translators of later centuries, for that matter) would dream of ignoring in attempting a new version of the Scriptures. But Salesbury claims the right to reject this tradition if he finds it straying from the 'truth' of the original Hebrew and Greek.

We can conjecture, therefore, that Salesbury's method of translation was somewhat as follows. Before him would be the Prayer Book Lessons, and these, as we have seen, had been taken from the Great Bible. This was the latest translation and the authorized version. Alongside the Lessons would be the Greek text of the New Testament in one of Erasmus' editions and it will be remembered that Erasmus' editions of the Greek New Testament contained his Latin translation and his explanatory notes and that the 1527 edition included the Vulgate also. In addition to these two volumes it is fairly certain that one would find Tyndale's New Testament on his table and also, perhaps, Luther's German Testament. The first step in translation would be to compare the English Lessons with the Greek and, if they were found to be a faithful rendering, to translate them into Welsh. But if Salesbury found

at gyfieithiad Erasmus a'i nodiadau, ac yna at fersiwn
Tyndale, a hefyd, efallai, at eiddo Luther. Lle
byddai'n gwbl sicr o ragoriaeth cyfieithiad un o'r
fersiynau hyn ar eiddo'r Llithiau Saesneg, fe'i derbyn-
iai, ond lle na byddai'n sicr rhoddai gyfieithiad y
Llithiau ar ymyl y ddalen a chyfieithiad ei 'awdurdod'
dewisedig yn y testun. Lle na fyddai'n fodlon ar
ddim un o'i 'awdurdodau' cynigiai ei gyfieithiad ei
hun, ac yn bur aml y mae hwnnw yn rhagori ar bob
cynnig blaenorol.

Gellir cymryd Luc xxii. 56 fel un enghraifft o ddull
cyfieithu Salesbury. Wrth fwrw golwg tros ei wahanol
awdurdodau câi y fersiynau a ganlyn:

Lladin y Fwlgat

Rhyw forwyn wedi iddi ei weld yn eistedd wrth y
golau, ac wedi iddi edrych arno, a ddywedodd . . ..

Lladin Erasmus

Rhyw forwyn wedi iddi ei weld yn eistedd wrth
y golau, wedi iddi sefydlu ei llygaid arno, a
ddywedodd . . ..

Nodiadau Erasmus

Y mae'r gair Groeg yn gryfach nag 'edrych' sef
'edrych â llygaid disyfl'.

Almaeneg Luther

Yna gwelodd morwyn ef yn eistedd wrth y golau,
ac edrychodd yn ddisyfl arno, a dywedodd . . ..

the Lessons unsatisfactory he would turn, first of all, to Erasmus' translation and his notes and then to Tyndale's version and also, it may be, to Luther's. Wherever he was quite certain that the rendering of one of these versions excelled that of the English Lessons, he would accept it, but where he was less certain he would place the translation of the Lessons in the margin and the translation of his chosen 'authority' in the text. Where he failed to be satisfied by any of the 'authorities', he would attempt a translation of his own, and this is often an improvement on all previous attempts.

Luke xxii.56 can be taken as an example of Salesbury's procedure in translating. As he examined his various authorities he would find the following versions:

The Latin of the Vulgate

A certain maid when she had seen him sitting at the light, and had looked at him, said . . ..

The Latin of Erasmus

A certain maid when she had seen him sitting at the light, having fixed her eyes upon him, said . . ..

Erasmus' Notes

The Greek word is stronger than 'look', namely 'to look with unmoving eyes'.

Luther's German

Then a maid saw him sitting by the light, and looked steadily at him, and said . . ..

Tyndale

And wone of the wenches behelde hym as he sate by the fyer and set good eyesight on him and sayde . . ..

Y Beibl Mawr a Llithiau'r Llyfr Gweddi

But whan one of the wenches behelde hym as he sate by the fyer (and loked upon hym) she sayde . . ..

Cyfieithiad Salesbury yn *Kynniver llith a ban* yw

A phan weles ryw vorwyn weini efo yn eistedd wrth y [goleuad (ac edrych arno yn graff) hi ddyuot . . ..
Ymyl y ddalen: [tan]

Fe welir mai prif ddyled Salesbury i'r Beibl Mawr (a'r Llithiau) yn yr adnod hon yw'r cromfachau. Y mae'n ansicr am 'dân' y Beibl Mawr ac fe'i gesyd ar ymyl y ddalen. Ystyr arferol y gair Groeg gwreiddiol yw 'golau', a dyna a geir gan y Fwlgat, gan Erasmus a chan Luther. Ond gwyddai Salesbury y gallai'r gair olygu hefyd 'peth sy'n rhoi golau', a'r ystyr hon yw ei ddewis yn y gair 'goleuad', Y mae'n amlwg hefyd fod Salesbury wedi darllen nodiad Erasmus ar 'edrychiad' y forwyn, ond y mae ei ymadrodd am y peth yn agosach at eiddo Luther nag eiddo Erasmus.

Nid yw cyfieithiad Salesbury o'r adnod hon yn awgrymu dim o'i ddyled i'r Fwlgat a Tyndale. Ond ar wahân i rai mannau yn Efengyl Mathew, yn arbennig y penodau xxvi–xxvii, prin yw olion dibyniaeth *Kynniver llith a ban* ar y Fwlgat. A phrif ddyled Salesbury i Tyndale yw ei arfer o gyfieithu amser

1560

Y math o wasg argraffu a ddefnyddid yn y cyfnod
The kind of printing press used in the period

Llosgi Beiblau Tyndale: o ddarlun gan Seymour Lucas
Burning Tyndale's Bibles: from a painting by Seymour Lucas

Tyndale

And wone of the wenches behelde hym as he sate by the fyer, and set good eyesight on him and sayde . . ..

The Great Bible and Lessons of the Prayer Book

But whan one of the wenches behelde hym, as he sate by the fyer (and looked upon hym) she sayde . . ..

Salesbury's version in *Kynniver llith a ban* could be rendered in English:

And when a certain serving maid saw him sitting by [what gave the light (and had looked at him keenly) she said . . ..   Margin: [fire]

We see that Salesbury's chief debt to the Great Bible (and the Lessons) in this verse is the brackets. He is uncertain about the Great Bible's 'fyer', so he puts it in the margin. The usual meaning of the Greek word in the original is 'light' and that is what is given by the Vulgate, Erasmus and Luther. But Salesbury knew that the word could also mean 'what gives light' and it is this meaning which he chose. It is clear also that Salesbury had read Erasmus' note on the 'look' given by the maid but his phrase for it is nearer Luther's than that of Erasmus.

Salesbury's translation of this verse does not suggest any of his debt to the Vulgate and Tyndale. But with the exception of certain places in the Gospel of Matthew, notably chapters xxvi–xxvii, the signs of *Kynniver llith a ban*'s dependence on the Vulgate are very few. And Salesbury's chief debt to Tyndale is his practice of translating the present tenses of certain

presennol rhai berfau fel gorffennol, ar y dybiaeth mai priod-ddull Hebraeg a geir yng Nghroeg y Testament Newydd yn yr achosion hyn.

Y mae'n ddi-os fod Salesbury yn gyfarwydd â'r darnau hynny o'r Ysgrythur a geir yn llyfrau defosiwn Cymraeg yr Oesoedd Canol, ond nid oes dim arwydd iddo fenthyca'n uniongyrchol arnynt wrth gyfieithu.*

Ond beth am *Kynniver llith a ban* fel cyfanwaith? Fel y gwelwyd, yr oedd dau ddelfryd ynglŷn â chyfieithu'r Ysgrythurau yn oes Salesbury. Ar y naill law yr oedd y delfryd a amlygir gan y fersiynau Lladin. Rhoddai hwn y pwys mwyaf ar gadw urddas iaith yr Ysgrythurau Sanctaidd ac ar drosi manwl gywir. Ar y llaw arall, yr oedd y delfryd a gynrychiolir gan gyfieithiau Luther a Tyndale. Nodweddir y rhain gan eu defnydd cyson o briod-ddull yr iaith y cyfieithir iddi, a hynny yn aml ar draul cywirdeb manwl, a chan eu hymgais bendant i wisgo'r Ysgrythurau mewn iaith a fyddai'n ddealledig gan bobl ddi-ddysg.

Yr oedd Salesbury i raddau dan ddylanwad y ddau ddelfryd. Fel yr Esgob Gardiner y mae yntau am ddiogelu urddas iaith yr Ysgrythurau, ac yn credu y gellid sicrhau hynny trwy Ladineiddio geirfa'r Gymraeg. Lle bynnag y defnyddia air y cred fod iddo dras Lladin, fe'i hysgrifenna mewn dull mor debyg i'r Lladin ag y bo modd. O ganlyniad y mae *Kynniver llith a ban* yn frith o ffurfiau fel *deo*

---

* Y mae peth tystiolaeth iddo eu defnyddio wrth gyfieithu, ond iddo ofalu eu diwygio yn ol y testun Groeg.

verbs as perfects on the supposition that it is a Hebrew idiom that is found in the Greek of the New Testament in these cases.

It is fairly certain that Salesbury was familiar with those portions of Scripture which are found in mediaeval Welsh devotional books but there is no evidence that he borrowed anything directly from them in his translations.*

But what of *Kynniver llith a ban* as a whole? As we have seen there were two ideals with regard to the translating of the Scriptures in Salesbury's time. On the one hand there was the ideal which is seen in the Latin versions. This gave pride of place to preserving the dignity of the language of the Holy Scriptures and to strict accuracy in translation. On the other hand there was the ideal represented by the translations of Luther and Tyndale. These are marked by their consistent use of the idiom of the language into which the translation is made, and that frequently at the expense of strict accuracy, and by their determined attempt to clothe the Scriptures in expressions which would be understood by the unlearned.

Salesbury, to some extent, is influenced by both ideals. Like Bishop Gardiner, he is anxious to keep the dignity of the language of the Scriptures and believed that this could be done by Latinizing the Welsh vocabulary. Wherever he has occasion to use a word which he believes to be of Latin origin, he

* There is some evidence that he made use of them in his translation, but that he took care to revise them according to the Greek text.

(duw), *templ* (teml), *descen* (disgyn), *cympellasont* (cymellasant), *temp* (tymp), *diernot* (diwrnod), *testion* (tystion). Nid yw Salesbury, fel arfer, yn treiglo'r geiriau hyn, ac fe ddichon mai ei amcan wrth gadw'r gair Lladin 'heb ei anafu' yn y modd hwn oedd peri y byddai rhai o hen eiriau cyfarwydd a chysegredig y gwasanaeth Lladin yn amlwg yn ei fersiwn Cymraeg ef.

Eithr y mae geiriau cwbl Cymraeg nad yw Salesbury ddim yn eu treiglo wrth eu hysgrifennu (ni fwriadai iddynt gael eu llefaru felly). Dywed mai ei amcan yn hyn oedd gwneud 'yr ystyr yn fwy eglur i'r darllenydd dieithr'. Nid yw'n amlwg pwy yn hollol a olygai wrth y 'darllenydd dieithr'— clerigwyr, efallai, yng Nghymru neu ysgolheigion na fedrent Gymraeg; eithr fe ddichon ei fod yn meddwl hefyd am y lliaws yng Nghymru yr oedd darllen yn beth cwbl ddieithr iddynt. Yn hyn mi fyddai yn un â Luther a Tyndale yn eu cais i wneud yr Ysgrythurau yn hysbys i'r werin annysgedig. Fodd bynnag, eu dilyn hwy a wna yn ei barodrwydd i anwybyddu manion gramadegol a chystrawenol y gwreiddiol, os gall drwy hynny gyflwyno'r ystyr mewn Cymraeg bywiog a dilys.

Wrth gwrs, y mae diffygion lawer yn *Kynniver llith a ban*, ac y mae'n amlwg fod Salesbury ei hun yn ymwybodol ohonynt, oherwydd, pan ddigwydd ymadrodd neu hyd yn oed Lith cyfan yr eildro, y

writes it in a form as like the Latin as possible. As a result *Kynniver llith a ban* abounds in such forms as *deo* (God), *templ* (temple), *descen* (descend), *cympellasont* (compelled), *temp* (time), *diernot* (day), *testion* (witnesses). As a rule Salesbury does not mutate the initial consonant of these words, and probably his purpose in thus keeping the Latin word 'the less maimed' was to ensure that the familiar and hallowed words of the Latin service would stand out in his Welsh version.

But there are also thoroughly Welsh words which Salesbury does not mutate in writing them (it was not his intention that mutations should be ignored in speech). He states that his purpose in this was 'that the signification may be more apparent to the strange reader'. Exactly whom he meant by 'strange reader' is not clear. He may have been thinking of clergymen in Wales or scholars who did not know Welsh; perhaps he had in mind also the mass of Welshmen who were complete strangers to the art of reading. In this he would be at one with Luther and Tyndale in their endeavour to make the Scriptures known to the unlearned masses. In any case they are his models in his readiness to ignore details of grammar and syntax in the original if thereby he can convey the meaning in lively and authentic Welsh.

Of course, *Kynniver llith a ban* has many defects and it is clear that Salesbury was conscious of them, for, wherever a phrase or even a complete Lesson

mae'n ddieithriad yn cynnig cyfieithiad gwahanol i'w gyfieithiad cyntaf. Ond o gofio mai hwn yw'r cais cyntaf i gyfieithu'r Ysgrythurau i Gymraeg o'r ieithoedd gwreiddiol, ac mai ar frys mawr y cyflawnwyd y gwaith, ni ellir ond rhyfeddu'n ostyngedig at amgyffred Salesbury o iaith y Testament Newydd a'i afael sicr ar briod-ddull y Gymraeg.

7

Yn ei lythyr annerch i'r esgobion yr oedd Salesbury wedi gofyn iddynt geisio barn nifer o Gymry dysgedig ar *Kynniver llith a ban*, ac o'i gael yn dderbyniol, ei gyhoeddi dan nawdd eu hawdurdod. Nid yw'n hysbys beth oedd ymateb esgobion 1551 i'r cais hwn, ond y mae'n amlwg na wnaethant ddim i hyrwyddo taenu *Kynniver llith a ban*. Fe ddichon mai siom Salesbury a'i golledion yn y fenter hon a barodd iddo ysgrifennu yn fuan wedyn yn llythyr annerch ei *Llyfr Rhetoreg* (1552) fod ganddo 'iawn achosion' i beidio ag ysgrifennu na darllen na siarad Cymraeg byth mwy. Fodd bynnag, y mae'n ffaith iddo adael y gwaith hwn ar retoreg heb ei argraffu, ac iddo roi heibio bob bwriad i gyhoeddi dim am y deng mlynedd nesaf. Wrth gwrs, y mae'r cyfnod hwn yn cynnwys teyrnasiad Mari (1553-8) a'i hymdrech ddidostur i adfer awdurdod Eglwys Rufain a'r Pab. Daeth y gwasanaeth Lladin yn ôl i'r eglwysi, a bellach, i bob golwg, yr oedd holl lafur Salesbury ynglŷn â fersiwn Cymraeg yn gwbl ofer, onid yn wir yn berygl einioes iddo. Yn yr amgylchiadau hyn, y

occurs for the second time, he invariably offers a version which is different from his first translation. But when we bear in mind that this was the first attempt at translating the Scriptures into Welsh from the original languages we cannot but marvel at Salesbury's understanding of the language of the New Testament and his sure grasp of Welsh idiom.

7

In his letter of address to the bishops Salesbury had asked them to submit *Kynniver llith a ban* to the judgement of a number of learned Welshmen and, if they found it acceptable, to publish it with their authority. It is not known how the 1551 bishops responded to this request, but it is clear that they did nothing to promote the circulation of *Kynniver llith a ban*. Perhaps it was Salesbury's disappointment and losses in this venture that made him write shortly afterwards in the letter of address of his *Llyfr Rhetoreg* (Book of Rhetoric), 1552, that he had 'just causes' never again to write or read or speak Welsh. In any case, it is a fact that he left this work on rhetoric unpublished and that he put aside any intention of publishing anything for the next ten years. Of course, this period includes the reign of Mary (1553–8) and her ruthless attempt to restore the authority of the Roman Church and the Pope. The Latin liturgy came back to the churches, and so all Salesbury's labours on a Welsh version seemed to have been in vain, if not indeed a danger to his very

tebyg yw i Salesbury gefnu ar Lundain ac encilio i
fyw'n dawel yn ei hen gartref, Cae-du, Llansannan.

Ond yn 1558, yn rhagluniaethol yn ôl y Protestan-
iaid, bu farw'r Frenhines Mari. Daeth Elisabeth I i'r
orsedd, ac yr oedd hi yn Brotestant. Unwaith eto
bu raid ailgyfeirio bywyd crefyddol y wlad, ac
o'r ad-drefnu cafodd Cymru dri esgob newydd
Protestannaidd eu cydymdeimlad. Un o'r tri hyn
oedd Richard Davies, a benodwyd i Lanelwy yn
1559. Y mae yn ddigon tebyg fod Salesbury yn
adnabod Richard Davies cyn ei benodi i Lanelwy,
oherwydd y mae cryn gyfochredd yn hanes y
ddeuddyn. Perthynai'r ddau i deuluoedd bonheddig
a oedd a'u gwreiddiau yn yr un fro ac yn yr un
diwylliant. Bu'r ddau yn aelodau o Brifysgol Rhyd-
ychen, a daeth y ddau yn Brotestaniaid blaengar.
Richard Davies oedd yr hynaf. Fe'i ganed tua 1505,
yn fab i Ddafydd ap Gronw, curad Y Gyffin ger
Conwy. Bu'n aelod o Neuadd y New Inn yn
Rhydychen o 1523 hyd 1536. Yn nyddiau'r llanw
Protestannaidd fe'i penodwyd yn rheithor Maids-
norton (1549) a ficer Burnham (1550) yn sir
Buckingham. Ond pan ddaeth Mari i'r orsedd
collodd ei fywiolaethau, ac yn 1555 fe'i ceir yn un
o'r cwmni alltud a gafodd loches yn ninas Frankfurt
yn yr Almaen. Amcan y cwmni hwn, fel y cwmni
alltud arall yng Ngenefa, oedd cadw gwreiddyn, fel
petai, o'r ffydd Brotestannaidd yn fyw mewn tir
estron, hyd oni ddelai cyfle i'w blannu eilwaith yn

life. In these circumstances, it is probable that
Salesbury left London and withdrew to the peace
and quiet of his old home at Cae-du, Llansannan.

But in 1558, providentially according to the
Protestants, Queen Mary died. She was succeeded by
Elizabeth I and she was a Protestant. Once again it
became necessary to give a new direction to the
religious life of the nation, and from this resettlement
Wales received three new bishops of Protestant
sympathies. One of the three was Richard Davies
who was appointed to St. Asaph in 1559. It is not
impossible that Salesbury had known Richard Davies
before his appointment to St. Asaph, for there is
much that runs parallel in the history of the two men.
Both belonged to families of gentle blood who had
their roots in the same region and the same culture.
Both became members of the University of Oxford
and both became advanced Protestants. Richard
Davies was the elder of the two. He was born c. 1505,
the son of Dafydd ap Gronw, the curate of 'Gyffin'
near Conway. He was a member of the New Inn
Hall at Oxford from 1523 to 1536. In the days of
Protestant ascendancy he was appointed rector of
Maidsnorton (1549) and vicar of Burnham (1550)
in Buckinghamshire. But when Mary came to the
throne he lost his livings and by 1555 he had joined
that company of exiles who had found refuge in the
German city of Frankfurt. This group, like the other
group of exiles at Geneva, were concerned to keep
alive in foreign soil a root, as it were, of Protestantism

yr hen wlad. Yng Ngenefa y blynyddoedd hyn yr
oedd John Calfin, yng nghanol ei holl weithgarwch
arall, wrthi'n ddyfal yn ysgrifennu esboniadau ar
lyfrau'r Beibl. Yno hefyd yr oedd cartref Theodorus
Beza a'i academi, ac yr oedd yntau ar ganol ei lafur
mawr ar y Testamant Newydd Groeg, ac eisoes, yn
1556, wedi cyhoeddi cyfieithiad Lladin newydd
ohono. Yr oedd yng Ngenefa hefyd ysgolheigion yn
paratoi fersiynau Ffrangeg ac Eidaleg o'r Beibl.
Yng nghanol y fath weithgarwch nid yw'n syn i rai
o'r cwmni alltud o Loegr gael eu symbylu i gynnig
ar wneud fersiwn Saesneg newydd, fersiwn a fyddai
wedi ei seilio'n ddiwyro ar destunau Hebraeg a Groeg
y Beibl ac wedi ei lanhau o lygriadau'r Fwlgat,
fersiwn, mewn gair, a fyddai'n ben a tharian yr
ymgyrch i ennill Lloegr yn ôl i Brotestaniaeth.
Cyhoeddwyd y Testament Newydd yn 1557, a'r
Beibl cyfan yn 1560.

Nid oes sicrwydd, ond y mae'n bur debyg, i
Richard Davies ymweld â Genefa ac ymddiddori yn
yr astudiaethau Beiblaidd a'r cyfieithu a oedd ar
waith yno. Ac y mae lle i gredu mai un o'r pethau
cyntaf a wnaeth yr esgob wedi ymsefydlu yn Llan-
elwy oedd ceisio cyfathrach â William Salesbury yn
Llansannan i rannu ag ef ei brofiadau yng Ngenefa.
Gellir dyfalu am eu llawenydd yn 1560 wrth gael
fersiwn newydd Genefa i'w dwylo, ac am eu trafod-
aeth gyffrous ar ddatganiad y cyfieithwyr, yn eu

until an opportunity came to plant it anew in their native land. At Geneva during these years, John Calvin, amidst his many other activities, was diligently engaged in writing his commentaries on the books of the Bible. Here also was the home of Theodore Beza and his academy; Beza at the time was immersed in his great labours on the Greek New Testament, and already, in 1556, had published his new Latin translation of the Testament. There were at Geneva also scholars who were preparing French and Italian versions of the Bible. Surrounded by such activity it is not surprising that some of the English exiles were prompted to attempt a new English version, a version strictly based on the Bible's Hebrew and Greek texts and cleansed of all the corruptions of the Vulgate, a version, in a word, which would serve as the spearhead of the campaign to bring England back to Protestantism. The New Testament was published in 1557 and the whole Bible in 1560.

It is not certain but fairly probable that Richard Davies visited Geneva and became interested in the Biblical studies and translation that were in process there. And there is room to believe that one of the first things the bishop did after his settlement at St. Asaph was to seek out William Salesbury at Llansannan to share with him his experiences at Geneva. We can imagine their joy in 1560 when the new Geneva version came into their hands and their excited discussion of the translators' statement, in the

Hannerch i'r Darllenwyr, ynglŷn â'u hamcanion a'u dulliau cyfieithu:

Megis y rhoesom y sylw pennaf i'r ystyr a llafurio bob amser i'w adfer i bob cywirdeb, felly hefyd yr ydym wedi parchu priod-ddull y geiriau . . .. A hyn a dystiwn â chydwybod dda i ni ymhob pwynt a gair drosi'r testun yn ffyddlon . . .. Canys, Duw yn dyst, yr ydym trwy bob rhyw fodd wedi ceisio arddangos purdeb y gair a gwir ystyr yr Ysbryd Glân er adeiladaeth y brodyr mewn ffydd a chariad.

I Galfiniaid Genefa nid oedd na geiryn na phriod-ddull yn ieithoedd gwreiddiol y Beibl y gellid beiddio ei anwybyddu—pwynt y byddai'n rhaid i awdur *Kynniver llith a ban* ei ystyried yn ofalus.

Eithr pa fudd bynnag a gâi Davies a Salesbury fel ysgolheigion ym Meibl Genefa, ni chaent ddim cysur ynddo wrth feddwl am y dasg a arhosai i'w chyflawni yng Nghymru. I bwrpas adeiladu eu brodyr Cymraeg yn y ffydd Brotestannaidd, nid oedd gan Feibl Saesneg, er ei holl ragoriaethau, ddim cyfraniad. Yr oedd yn rhaid wrth Feibl Cymraeg i'r diben hwn.

Y mae'n bur sicr mai o'r gyfathrach hon rhwng Davies a Salesbury yr ailgychwynnwyd ar y cais i gael yr Ysgrythurau yn Gymraeg, ac mai i'r cyfnod hwn y perthyn y Petisiwn a yrrodd Salesbury at yr esgobion (fel y tybir) yn gofyn iddynt am drefnu i gyfieithu'r Testament Newydd i'r Gymraeg. Os felly, gall fod yr Esgob Davies yn gwybod amdano

Address to the Readers, of their aims and methods of translation:

> Now as we have chiefly observed the sense, and laboured always to restore it to all integrity, so have we most reverently kept the propriety of the words . . .. And this we may with good conscience protest, that we have in every point and word . . . faithfully rendered the text . . .. For God is our witness that we have by all means endeavoured to set forth the purity of the word and right sense of the Holy Ghost for the edifying of the brethren in faith and charity.

For the Calvinists of Geneva there was no particle or idiom in the original languages of the Bible which anyone could dare ignore, a point to which the author of *Kynniver llith a ban* would have to give careful consideration.

But whatever profit Davies and Salesbury might get, as scholars, from the Geneva Bible, they found no comfort in it as they thought of the task that remained to be done in Wales. For the purpose of building up their Welsh brethren in the Protestant faith, an English Bible, whatever its excellencies, was of no use. This could be done only through a Welsh version.

It is fairly certain that the reopening of the campaign to have the Scriptures in Welsh must be traced to this association between Davies and Salesbury and that it was at this time that Salesbury sent a Petition to the bishops (as it is believed) asking them to make arrangements for the translation of the

ymlaen llaw. Y mae'n sicr y cytunai â chyfeiriad y Petisiwn at

> y tywyllwch truenus o ddiffyg golau disglair efengyl Crist sydd eto'n aros ymhlith trigolion y dywysogaeth.

Amcan y Petisiwn oedd cael gan yr esgobion sylweddoli na ellid gobeithio am ennill Cymru i Brotestaniaeth heb yr Ysgrythurau yn Gymraeg. Fel y gellid disgwyl cafwyd ymateb buan yn esgobaeth Llanelwy. Er bod Richard Davies wedi ei symud i Dyddewi, a Thomas Davies wedi ei benodi yn olynydd iddo, mewn cynhadledd esgobaethol a gynhaliwyd yn eglwys gadeiriol Llanelwy yn Nhachwedd 1561 gorchmynnwyd:

> yn union ar ôl darllen yr epistol a'r efengyl yn Saesneg yn yr Eglwys, darllener yno'r unrhyw yn Gymraeg mewn modd priodol a chroyw.

Wrth gwrs, *Kynniver llith a ban* oedd yr unig gyfieithiad a oedd ar gael ar gyfer y gorchmyniad hwn. Y mae'n amlwg fod esgobion Cymru yn dechrau ymysgwyd i unioni'r cam a gafodd Salesbury yn 1551.

Ond ar ddechrau teyrnasiad Elisabeth I nid oedd fodd cael cyfieithiad Cymraeg o'r Ysgrythurau heb gefnogaeth ac awdurdod y Goron a'r Senedd. A'r gŵr i ddwyn y maen hwn i'r mur oedd yr Esgob Richard Davies. Fel esgob yr oedd yn aelod o Dŷ'r Arglwyddi. Yn Nhŷ'r Cyffredin yr oedd ganddo

New Testament into Welsh. If so, it may well be
that Bishop Davies knew of it beforehand. He would
certainly have agreed with the Petition's reference to

> the miserable darkness for the lack of the shining
> light of Christ's Gospel that still remaineth among the
> inhabitants of the principality.

The Petition sought to make the bishops understand
that there could be no hope of winning Wales for
Protestantism without the Scriptures in Welsh. As
might be expected there was a prompt response in
the diocese of St. Asaph. Although Richard Davies
had been translated to St. David's and Thomas
Davies appointed in his place, in a diocesan con-
ference held in the cathedral church of St. Asaph in
November 1561 it was ordered that

> after the epistle and gospel be read in English in
> the Church, the same also be forthwith there read in
> Welsh aptly and distinctly.

Of course, *Kynniver llith a ban* was the only transla-
tion available for the purpose of this injunction.
It seems clear that the Welsh bishops were beginning
to take action to put right the wrong done to
Salesbury in 1551.

But there was no prospect, in the early years of the
reign of Elizabeth I, of getting a Welsh translation
of the Scriptures unless the venture were backed and
authorized by Crown and Parliament. And the one
man who could secure this was Bishop Richard
Davies. As a bishop he was a member of the House

nifer o gyfeillion dylanwadol, gwŷr a fu'n gyd-
alltudion ag ef ar y Cyfandir. Yr oedd hefyd yn
adnabyddus gan William Cecil, prif gynghorwr y
Frenhines, a chan Matthew Parker, yr archesgob.
Perswâd yr Esgob Davies ar yr awdurdodau hyn, yn
ddi-os, a roes i Gymru ddeddf holl bwysig 1563.
Y mae'n bur debyg mai'r Esgob Davies ei hun a
lywiodd y mesur drwy Dŷ'r Arglwyddi, ac mai ei
gyfaill Humphrey Lhuyd, yr aelod tros fwrdeisdref
Dinbych, a wnaeth yr un gwaith yn Nhŷ'r Cyffredin.

Yn ôl y ddeddf hon yr oedd esgobion Cymru,
ynghyd ag Esgob Henffordd, i drefnu, 'er lles
Eneidiau y Preiddiau yn eu gofal yng Nghymru', bod
y Beibl cyfan, ynghyd â'r Llyfr Gweddi Gyffredin
Saesneg, i'w cyfieithu'n fanwl gywir i Gymraeg; bod
copi o'r naill a'r llall i'w osod ymhob eglwys cyn
1 Mawrth 1567; bod y Gymraeg, o'r dyddiad hwnnw
ymlaen, i fod yn iaith y gwasanaeth yn rhannau
Cymraeg y pum esgobaeth, ac yn y cyfamser, bod y
gweinidogion i ddarllen neu adrodd 'yr Epistol a'r
Efengyl' yn Gymraeg bob amser cymun.

Y mae'r amser a roddir gan y ddeddf i gyfieithu a
chyhoeddi'r Beibl cyfan ynghyd â'r Llyfr Gweddi yn
ymddangos yn afresymol o fyr, ond dylid cofio bod y
mwyafrif o'r fersiynau Saesneg wedi eu cynhyrchu
mewn cyfnod yr un mor fyr. Rhyw ychydig gyda
dwy flynedd a gymerwyd i gwblhau fersiwn Genefa,
er y cydnebydd y cyfieithwyr iddynt lafurio ddydd
a nos. Fodd bynnag, y mae'n eglur i Salesbury

AE Varoed. Wedy yr Jesu* dyveny yr oll ymadic don byn, edyuot With eu discipulon: Chwi Wi doch may ar beny deu dyd y byd. y Pasc / ac y tro dir may p dyn y Wgroep. Yna y dy ymgynullasont yr archoffeireit a henurieit y popol syd yn lys yr archoffeirat (yr Wy a el Wit caiphas) ac a ymgyngorefont i dala Jesu d. Wy bied ac fad. A doedyt a Wn apthant: nad ar dyd gwyl / rac mynet cynn Wif yn y popol. Ac bal ydoed: Jeshu ym Be thania / yntuy Simon ohanglaf yd aeth gwraic atta W / ac yn bi Claw seftrait o oleo gWerthbaWr / ac ac tyWa Clad: aruchaf i beny / ac es yn eisied:. Ar discipulon pan Welsant a soraf ont / ac a doetsont: Y ba beth y may 'r gollet pma? O bleit e allesit gWerthy r oleo pma er Claw er ae rodi ir tloton. Ac Jeshu a Wybu ac a dyuot Wi thynt: Paam y d: ych ch Wi yn ymliafy ar Wraic? can bi W naeth Weithret da ar naf bi o bleit y tloton ynt yn oaftat y gyd a ch Wch Wy a my by up by daf yn oaftat y gyd a ch W ch Wy. A [dan don] yr oleo pma ar dyccoipf / er m Wyn bycca dyr y gWnaeth bi. Yn Wir mi dy Wedaf With ych: ym pale y ynac y pregether yr Euangel hon yn yr oll byd / y peth byn a Wn apth bi / a dreither yn cof am denei. Yna y daeth bn or deu dec y Wy a es Wit Judas Iscariot at yr archoffeireit ac a dyuot Withynt: Pa beth a ro Wch i mi a mu ge dodaf es ych Wi? A Wynt Wy a [en Wafant i do] dec ar bceint o ouant. Ac or amser byn ny allan / y ceisiad: es amser cyfadas e W bradychy e. Ar dyd cyntaf or bara crei yd aythant y discipulon at Jeshu can doedyt: ym pale y mynny i mi arl Wy ytty i b Wyta y* Pasc? Ac Jeshu a dy uot / De Wch ir dinas at bn a doed Wch Witho: Yr athro a dy Wait / Wy amser fyd: yn agos / a chyd a thi y* gWnaf y pasc mi am discipulon. Ar discipulon a Wn apthant mal

Bwzlad yz Offeiriait yn erbyn Chzift. Ef yn escufu Mair
Magdalen. Ozdinat Swper yz Arglwydd. Gwendit y
difcipulon. Bzad Juddas. Y cleddyf. Can i Chzift y 'ai
lw y un, yn bap Dew, y barntwyt ef yn deillwng o an
gae. Petr yn puntwady, ac yn edifarhay.

Yr Euangel y
Sul nefafo
vlayn y Pafc.
★ar ol
‡ddodi ar y
groes
★Henaf
gwyz

‡ddichell
★werin

‡lleffrait,
golwzch
★ar y blwzd
‡ddigiefont
★yz afrat
hyn

‡ymllafu
ar

★bob amfer

C e darbu, gwedy fr Iefu 'ozphen
y gairie hyn oll, ef a ddybot wzth ei
ddifcipulon, Chwi wyddoch, mae
o *vewn y dauddydd y mae 'r Paft
a' Mappy dyn a roddir ‡y 'w groti.
Yno ydd ymgynnullawd yz Archo-
ffeiriait a'r Scribennyddion, a' * Henyddion y
populi nauad yz Archoffeiriat, a elwit Caiaphas
ac a ymgyggozefont py bodd y dalient yz Jefu
trwy ‡bzad, a' ei ladd. Eithyz wynt a ddywetfot,
Nyd ar yz 'wyl, rac bod cynnwzf ym-plith y *po-
pul. Ac bal yd oedd yz Jefu yn-Bethania yn-tuy
Simon 'ohanglaf, e ddaeth ataw wzeic, ae gyd
a hi ‡ blwch o irait gwerthbawz, ac ei tywall
dawdd ar ei benn, ac ef yn eifledd * wzth y bozt.
I' phan weles ei ddifcipulon, wy a ‡ fozafont, gan
ddywedyt, Pa rait * y gollet hon : can ys ef atefft
gwerthy ez irait hwn er fawer, a' i roddi ef ir tlot-
ion. A'r Jefu a wybu, ac a ddybot wzthwrnt,
Paam ydd ych yn ‡ moleffy yz wzeic : can ys hia
weithiawdd weithzet da arnaf. Can ys y tlodion
a gewch yn * waftat yn eich plith, a' mypy ny's
cewch yn oyftat gyd a chwi. Can ys ‡le y tywall-
ta wdd

of Lords. In the House of Commons he had a number of influential friends, men who had been his fellow-exiles on the Continent. He was also known to William Cecil, the Queen's chief counsellor, and to Matthew Parker, the archbishop. It was, undoubtedly, Bishop Davies' influence with these authorities that obtained for Wales the all-important Act of 1563. It is fairly certain that it was Bishop Davies himself who steered the measure through the House of Lords and that it was his friend Humphrey Lhuyd, the member for Denbigh, who was similarly responsible in the House of Commons.

This Act ordered the Welsh bishops, together with the Bishop of Hereford, to see to it, 'for the Soul's health of the Flocks committed to their charge within Wales', that the whole Bible and the English Book of Common Prayer were 'truly and exactly translated' into Welsh, that a copy of each of these books was placed in every church before 1 March 1567, that from that day onward Welsh was the language of the service in the Welsh-speaking parts of the five dioceses and that, meantime, the ministers declared or read 'the Epistle and Gospel' in Welsh at every communion service.

The time given by the Act for the translation and publication of the whole Bible together with the Prayer Book seems absurdly short, but it must be remembered that most of the English versions had been produced in an equally short time. The Geneva version was completed in a little over two years,

ddechrau ar y gwaith ar unwaith, oherwydd yn 1563 ceisiodd ef a John Waley drwydded i argraffu'r Beibl a'r Llyfr Gweddi am saith mlynedd.

Ychydig a wyddys am hynt y cyfieithu, ond bod yr Esgob Davies wedi gwahodd Salesbury i'w blas yn Abergwili yn 1565, ac i Salesbury aros yno nes iddo fynd i Lundain yn 1567 i arolygu argraffu'r Testament Newydd a'r Llyfr Gweddi. Amcan cael Salesbury i Abergwili, yn ddi-os, oedd hwyluso cyd-ymgynghori ynglŷn â'r cyfieithu. Efallai i ddeubeth a ddigwyddodd yn 1565 wneud y cydymgynghori hwn yn fwy angenrheidiol. Dyma'r flwyddyn yr hysbyswyd yr Esgob Davies gan yr Archesgob Parker ei fod ef i gyfieithu llyfrau'r Hen Destament o Josua hyd II Samuel ar gyfer fersiwn Saesneg newydd. (Adwaenir y fersiwn hwn, a gyhoeddwyd yn 1568, fel 'Beibl yr Esgobion'). Fe ddichon i'r hysbysiad hwn beri i Davies a Salesbury orfod trafod ac ailystyried maint cyfraniad pob un i'r fersiwn Cymraeg. Y mae'n sicr, fel y cawn weld, iddynt ystyried y cyfarwyddiadau cyfieithu a bennwyd gan yr archesgob ar gyfer y fersiwn Saesneg, a mabwys-iadu rhai ohonynt ar gyfer y fersiwn Cymraeg. Y digwyddiad arall yn 1565 oedd cyhoeddi gwaith mawr Theodorus Beza ar y Testament Newydd, cyfrol yn cynnwys y testun Groeg, cyfieithiad Lladin a'r Fwlgat mewn colofnau cyfochrog, a nodiadau testunol a diwinyddol ar waelod y tudalen. Ni allai neb a oedd ar waith yn cyfieithu'r Testament

although the translators admit that they laboured night and day. However, it is clear that Salesbury started at once on the work, because he and John Waley sought a licence in 1563 to print the Bible and the Prayer Book for seven years.

Little is known of the course of the actual translating except that Bishop Davies invited Salesbury to his palace at Abergwili in 1565 and that Salesbury remained there until he went to London in 1567 to supervise the printing of the New Testament and the Prayer Book. The purpose in summoning Salesbury to Abergwili was, undoubtedly, to facilitate consultation about the translation. Perhaps two things which happened in 1565 made this consultation more necessary. This was the year when Bishop Davies was notified by Archbishop Parker that he was to translate the Old Testament books from Joshua to II Samuel for a new English version. (This version, published in 1568, is known as 'the Bishops' Bible'.) It may be that this notification made it necessary for Davies and Salesbury to discuss and review what portion each was to contribute to the Welsh version. It is certain, as we shall see, that they considered carefully the instructions laid down by the archbishop for the translators of the new English version. The other event in 1565 was the publication of Theodore Beza's great work on the New Testament, a volume which contained the Greek text, a Latin translation and the Vulgate in parallel columns, and textual and theological notes at the bottom of the page. No one

Newydd anwybyddu'r gyfrol hon.

8

Cyhoeddwyd y Llyfr Gweddi Gyffredin ym mis
Mai 1567, wedi ei argraffu gan Henry Denham
yn argraffdy John Awdeley ar 'gost a threuliau'
Humfrey Toy. Cyfieithiad ydyw o Lyfr Gweddi
Elisabeth yn argraffiad diwygiedig 1561. Ni nodir
yn y llyfr ei hun pwy a'i cyfieithodd, a hyd yn gym-
harol ddiweddar fe'i priodolwyd i'r Esgob Richard
Davies, eithr yn awr bernir yn bur ffyddiog mai
William Salesbury yw'r cyfieithydd, ond bod yr
esgob wedi bwrw golwg drosto a chael gan Salesbury
i leddfu peth ar rai o'i fympwyon orgraffyddol.
Yn wir dyfernir gan rai mai'r Llyfr Gweddi yw
camp lenyddol fwyaf Salesbury, ac nid di-sail y
dyfarniad o gofio maint ac amrywiaeth ei gynnwys—
y gweddïau, y colectau, y litani, y gwasanaethau, y
llithiau, y Sallwyr ac amrywiol ddefnyddiau eraill.

Ond o safbwynt hanes y Testament Newydd
Cymraeg Llithiau'r Llyfr Gweddi sydd o ddiddordeb.
Yr oedd Salesbury, wrth gwrs, wedi cyfieithu'r rhain
o'r blaen ar gyfer *Kynniver llith a ban*, ond nid oedd
ef yn un a allai ymfodloni ar ei hen gyflawniadau.
Am hynny y mae Llithiau'r Llyfr Gweddi yn fersiwn
cwbl ddiwygiedig, ac yn dangos ôl y dylanwadau
newydd a ddaeth ar Salesbury, a'r cynorthwyon
newydd a ddaeth i'w feddiant, ar ôl 1551.

who was engaged in translating the New Testament could ignore this volume.

8

The Book of Common Prayer was published in May 1567, having been printed by Henry Denham in John Awdeley's printing house 'at the costes and charges of Humfrey Toy'. It is a translation of the Elizabethan Prayer Book in the revised edition of 1561. The book itself makes no mention of its translator and until recently was attributed to Bishop Richard Davies, but nowadays it is generally assumed that the translator was William Salesbury but that the bishop had gone over the work and persuaded Salesbury to modify some of his orthographical eccentricities. Indeed some adjudge the Prayer Book to be Salesbury's greatest literary achievement and the judgement appears to be not without foundation when the extent and variety of the book's contents are considered—the prayers, the collects, the litany, the services, the lessons, the Psalter and various other materials.

But from the point of view of the history of the Welsh New Testament it is the Prayer Book's Lessons which are of interest. Salesbury had, of course, translated these before for *Kynniver llith a ban*, but he was not one to be satisfied with what he had already done. The Prayer Book Lessons are, therefore, a completely revised edition, carrying the

Gellir dyfalu fod ganddo o'i flaen, neu o fewn cyrraedd, wrth wneud y fersiwn newydd hwn, ei hen gyfieithiad ei hun yn *Kynniver llith a ban*, cyfieithiad Lladin Beza (1556), Testament a Beibl Saesneg Genefa (1557, 1560) a thestun Groeg y Testament Newydd (yn argraffiad 1550 Stephanus, efallai). Yn wir, un o'r pethau amlycaf yn y trosiad newydd hwn o'r Llithiau yw'r modd y mae dylanwad Beza a Beibl Genefa wedi disodli dylanwad Erasmus a'r Beibl Mawr, a oedd mor lywodraethol wrth gyfieithu *Kynniver llith a ban*. Ceir enghraifft eglur o hyn yn y fersiynau o air yr Iesu wrth y disgyblion yng Ngethsemane (Math. xxvi.45):

Lladin Erasmus	*Lladin Beza*
Cysgwch yn awr	Cysgwch am y gweddill
Beibl Mawr	*Beibl Genefa*
Slepe on now	Slepe hence forth
Kynniver llith a ban	*Llithiau'r Llyfr Gweddi*
*Hunwch yr owrhon	Cuscwch bellach
Ymyl y ddalen : *kysgwch	

Fe welir bod llithiau'r Llyfr Gweddi yn arddel eu cysylltiad â *Kynniver llith a ban* drwy gymryd 'cuscwch' o ymyl ei ddalen, ond y mae 'bellach' yn perthyn yn bendant i 'am y gweddill' Lladin Beza 'hence forth' Beibl Genefa yn hytrach nac i 'yn awr' Lladin Erasmus, 'now' y Beibl Mawr ac 'yr owrhon' *Kynniver llith a ban*.

Eithr er amled y digwydd y patrwm hwn, y mae enghreifftiau ddigon lle y mae Salesbury yn gorfod

impress of the new influences which had come to bear upon Salesbury, and the new aids which had come to his hands, since 1551.

It may be conjectured that Salesbury, as he made this new version, had before him, or within reach, his own old translation in *Kynniver llith a ban*, Beza's Latin translation (1556), the Geneva New Testament and Bible (1557, 1560) and a Greek text of the New Testament (in Stephanus' 1550 edition, perhaps). Indeed, one of the most striking things about this new version of the Lessons is the way Beza's influence and that of the Geneva Bible have ousted the influence of Erasmus and the Great Bible which was so dominant in the translation of *Kynniver llith a ban*. An example of this is found in the versions of the word of Jesus to the disciples at Gethsamane (Matthew xxvi.45):

The Latin of Erasmus	*The Latin of Beza*
Sleep now	Sleep for what remains
Great Bible	*Geneva Bible*
Slepe on now	Slepe hence forth
The Welsh of *Kynniver llith a ban*	*The Welsh of* *the Prayer Book*
*Sleep now	Slumber from now on
Margin : * slumber	

We see that the Prayer Book Lessons affirm their connection with *Kynniver llith a ban* by taking 'slumber' from its margin, but 'from now on' belong definitely to Beza's 'for what remains' and the Geneva Bible's

dewis rhwng Beibl Genefa a Lladin Beza, ac enghreifftiau eraill lawer lle y mae'n gwrthod y ddau. Yn Luc xxii.46 ceir y fersiynau a ganlyn:

Tyndale a'r Beibl Mawr
praye, lest ye fall into temptacion

Lladin Beza
gweddïwch, rhag i chwi fynd i mewn i brofedigaeth

Beibl Genefa
praye, lest ye enter into tentacion

Kynniver llith a ban
gweddiwch nad eloch mewn prouedigaeth

Llithiau'r Llyfr Gweddi
gweddiwch nad eloch ym provedigaeth

Fe welir yma mai ychydig iawn o wahaniaeth sydd rhwng fersiynau *Kynniver llith a ban* a'r Llyfr Gweddi, a'u bod ill dau yn cymryd cymal isradd y frawddeg fel cymal enwol yn dynodi cynnwys y weddi. Ond y mae pob un o'r fersiynau eraill yn cymryd y cymal isradd fel cymal adferfol yn dynodi pwrpas y weddi. Yn ôl ysgolheictod yr ugeinfed ganrif Salesbury sy'n iawn.

Ond nid mewn geiriau neu ymadroddion unigol y mae gwir ddyled Salesbury i Feibl Genefa a fersiwn Beza, ond yn y ddysg a gymerth ganddynt am ddull cyfieithu'r Ysgrythurau. Yn *Kynniver llith a ban*

'hence forth' rather than to Erasmus' 'now' and the 'now' of the Great Bible and *Kynniver llith a ban*.

But in spite of the frequency of this pattern, there are many examples where Salesbury has to choose between the Geneva Bible and Beza's Latin, and other examples where he rejects both. At Luke xxii.46 we find the following versions:

Tyndale and the Great Bible
praye, lest ye fall into temptacion

The Latin of Beza
pray, lest you enter into temptation

The Geneva Bible
praye, lest ye enter into tentacion

The Welsh of Kynniver llith a ban
pray that you go not into temptation

The Welsh of the Prayer Book Lessons
pray that you go not into temptation

Except for variant Welsh forms of the preposition 'into' there is no difference here between the version of *Kynniver llith a ban* and that of the Prayer Book and both take the subordinate clause of the sentence as a noun clause expressing the content of the prayer. But all the other versions take the subordinate clause as an adverbial clause denoting the purpose of the prayer. According to twentieth-century scholarship it is Salesbury who was right.

But Salesbury's true debt to the Geneva Bible and Beza's version does not lie in individual words or

meistri Salesbury oedd Luther a Tyndale, ac fel y gwelwyd, yr oedd eu pwyslais hwy wrth gyfieithu ar briod-ddull yr iaith y trosid iddi, a hynny hyd yn oed ar draul cywirdeb manwl. Ond barnai cyfieithwyr Genefa fod y Beibl, ar gyfrif ei gynnwys dwyfol, yn llyfr na ellid ac na ddylid diystyru y manion lleiaf wrth ei gyfieithu. Erbyn 1563 yr oedd Salesbury yntau wedi ei argyhoeddi o'r un peth.

Wrth gyfieithu'r Beibl ni ddylid ychwanegu dim ato. Yn unol â'r egwyddor hon yr oedd Beza a chyfieithwyr Beibl Genefa wedi dynodi yn eu cyfieithiad bob gair a ychwanegwyd ganddynt at y gwreiddiol er mwyn eglurder. Gwneir hyn gan Beza trwy newid teip y geiriau a ychwanegwyd a chan Feibl Genefa trwy eu rhoi rhwng cromfachau. Dull Salesbury yn Llithiau'r Llyfr Gweddi yw eu rhoi rhwng bachau sgwâr.

Yn ôl yr un egwyddor ni ddylid anwybyddu'r manion lleiaf yn y gwreiddiol. Yn *Kynniver llith a ban* ym mhennod gyntaf Efengyl Mathew rhoddir rhestr yr achau fel a ganlyn:

> Abraham a gauas Isaac: Isaac a gauas Iacob: Iacob a gauas . . ..

Ond yn llithiau'r Llyfr Gweddi ceir:

> Abraham a genetlodd Isaac. Ac Isaac a genetlodd Iacob. Ac Iacob a genetlodd . . ..

Fe welir i Salesbury yn y Llyfr Gweddi ychwanegu cysylltair rhwng y gwahanol frawddegau. Y mae'r

phrases but in what he learned from them of the method of translating the Scriptures. In *Kynniver llith a ban* Salesbury's teachers were Luther and Tyndale and, as we have seen, their emphasis in translation was upon the idiom of the language into which the translation was made, even at the expense of strict accuracy. But the Geneva translators judged that the Bible, on account of its divine content, was a book whose smallest details could not and should not be ignored in translation. By 1563 Salesbury also had been convinced of this.

In translating the Bible nothing should be added to it. In accordance with this principle Beza and the translators of the Geneva Bible had indicated in their translation every word which, for clarity's sake, had been added by them to the original. Beza does this by changing the type of the added words and the Geneva Bible by placing them in brackets. Salesbury's method in the Prayer Book Lessons is to place them in square brackets.

According to the same principle the smallest details in the original must not be ignored. In *Kynniver llith a ban* in the first chapter of the Gospel of Matthew the genealogical table is given as follows:

Abraham got Isaac: Isaac got Jacob: Jacob got . . ..

But in the Lessons of the Prayer Book we find

Abraham begat Isaac. And Isaac begat Jacob. And Jacob begat . . ..

Gymraeg, efallai, yn fwy cyhyrog heb y cysylltair,
ond ni all y Roeg gyfosod dwy frawddeg heb eu
cysylltu â rhyw fath o gysylltair. Felly, er nad yw
priod-ddull y Gymraeg yn gofyn am gysyllteiriau
yma, y mae Salesbury yn 1563 yn gofalu eu gosod
i mewn am eu bod yn y gwreiddiol. Ceir enghraifft
ddiddorol o'r un peth ynglŷn â'r enw 'Iesu'. Yn
Kynniver llith a ban y ffurf 'Iesu' heb y fannod a geir
yn ddieithriad bron, ond yn Llithiau'r Llyfr Gweddi,
ar ôl yr ychydig Lithiau cyntaf, 'yr Iesu' yw'r ffurf
yn gyson. Y rheswm am y newid, yn ddi-os, yw bod
Groeg y Testament Newydd, fel rheol, yn rhoi'r
fannod o flaen yr enw 'Iesu' ac o flaen pob enw
priod.

Yr un ystyriaeth, sef ffyddlondeb i Roeg y
Testament Newydd, a bair i Salesbury yn y Llyfr
Gweddi roi heibio'r arbrawf o gyfieithu dyfyniadau
Efengyl Mathew o'r Hebraeg, a hefyd chwynnu
allan bob un o ddarlleniadau arbennig y Fwlgat a
geir yn *Kynniver llith a ban*.

Y mae Llithiau'r Llyfr Gweddi yn gywirach
cyfieithiad ar lawer cyfrif na *Kynniver llith a ban*, ond
enillir y cywirdeb hwn yn aml ar draul priod-ddull
y Gymraeg. Serch hynny, gan nad yw mympwyon
orgraffyddol Salesbury yn rhy amlwg yn y Llyfr
Gweddi, y mae'r Llithiau yn darllen yn rhyfeddol o
esmwyth ac y mae ystyr y gwreiddiol wedi ei fynegi
yn ddigamsyniol.

We see that Salesbury in the Prayer Book has added a conjunction to join the separate sentences. The Welsh version would be more virile, perhaps, without the conjunction, but Greek cannot put two sentences together without some sort of connecting particle. And so, although the Welsh idiom does not require conjunctions here, Salesbury in 1563 takes great care to put them in because they are in the original. Another interesting example of the same principle at work is found in the case of the name 'Jesus'. In *Kynniver llith a ban* we find the form 'Jesus' without the article almost without exception, but in the Prayer Book Lessons, after the first few Lessons, the form is 'the Jesus' consistently. The reason for the change, undoubtedly, is that New Testament Greek, as a rule, places the article before the name Jesus, as before every proper name.

It is the same consideration, namely fidelity to the Greek of the New Testament, that makes Salesbury in the Prayer Book give up his experiment of translating the quotations in the Gospel of Matthew from the Hebrew. For the same reason he weeds out each one of the readings peculiar to the Vulgate which is found in *Kynniver llith a ban*.

As a version the Lessons of the Prayer Book is in many respects more accurate than *Kynniver llith a ban* but this accuracy is often gained at the expense of Welsh idiom. Nevertheless, since Salesbury's orthographical oddities are not too obvious in the Prayer

9

Daeth y Testament Newydd o'r wasg 7 Hydref 1567. Fe'i hargraffwyd gan Henry Denham, 'ar gost a threuliau Humfrey Toy, yn byw ym mynwent Paul, wrth arwydd yr Helm'. Wrth ddathlu pedwar can mlwyddiant y Llyfr Gweddi a'r Testament Newydd Cymraeg, ni ddylid anghofio Humfrey Toy, Llundeiniwr â chysylltiadau agos â thref Caerfyrddin, a ddug gostau'r argraffu. Nid oedd Act 1563 wedi darparu dim ar gyfer treuliau dwyn i ben y gwaith a orchmynnai.

Ar wynebddalen y Testament Newydd ceir a ganlyn:

Testament

Newydd ein Arglwydd

Iesv Christ

Gwedy ei dynnu, yd y gadei yr ancyfia=

ith, 'air yn ei gylydd or Groec a'r Llatin, gan

newidio ffurf llythyreu y gairiae-dodi. Eb law hyny

y mae pop gair a dybiwyt y vot yn andeallus,

ai o ran llediaith y 'wlat, ai o ancynefin=

der y devnydd, wedy ei noti ai eg=

lurhau ar 'ledemyl y tu da=

len gydrychiol.

Heblaw'r hyn a ddywedir yn y teitl hwn y mae gennym un darn o wybodaeth am gyfieithu'r

Book, the Lessons read very easily and the meaning
of the original has found clear expression in them.

9

The New Testament was published 7 October
1567. It was printed by Henry Denham, 'at the
costes and charges of Humfrey Toy, dwelling in
Paul's churchyarde, at the signe of the Helmet'.
In our celebration of the fourth centenary of the
Welsh Prayer Book and New Testament, we should
not forget Humfrey Toy, a Londoner with close
connections with the town of Carmarthen, who bore
the costs of the printing. The 1563 Act had made no
provision for defraying the cost of the work which it
ordered.

On the title page of the New Testament we find
the following:

The
New Testament of our Lord
Jesus Christ
Drawn, as far as the different idiom permitted,
word for word from the Greek and Latin, changing
the form of the letters of the inserted words. Besides this
every word which was thought to be unintelligible,
either because of the local dialect, or because
of the strangeness of the matter, has been noted
and explained on the margin of
the same page.

Testament i'r Gymraeg y gellir diolch i'r Archesgob
Parker amdano. Yn ei gyfarwyddyd i gyfieithwyr y
fersiwn Saesneg arfaethedig rhoes yr archesgob ar
ddeall y gosodid llythrennau cyntaf enw pob cyf-
ieithydd wrth yr adran a gyfieithiai. Amcan Parker
yn hyn oedd 'eu gwneud yn fwy diwyd, fel rhai a
fyddai'n atebol am eu gwaith'. O'r braidd bod angen
y fath symbyliad ar y cyfieithwyr Cymraeg, ond gan
y gweithredwyd ar yr awgrym yn y Testament
Cymraeg fe welir oddi wrth lythrennau cyntaf eu
henwau ar ymyl y ddalen mai'r Esgob Davies a
gyfieithodd I Timotheus, yr Hebreaid, Epistol Iago
a I a II Pedr, ac mai Thomas Huet, deon Tyddewi,
a gyfieithodd y Datguddiad. Salesbury ei hun a
gyfieithodd y cwbl o'r gweddill.

Adlais, yn ddiau, o un arall o gyfarwyddiadau'r
archesgob a geir yn yr ymadrodd yn y teitl 'Gwedy
ei dynnu, yd y gadei yr ancyfiaith, 'air yn ei gylydd
or Groec a'r Llatin'. Yr oedd Parker yn bendant mai
ar y fersiynau Lladin diweddar yr oedd cyfieithwyr
y Beibl Saesneg newydd i bwyso wrth ddehongli'r
testunau Hebraeg a Groeg. Yr oedd hyn yn gwbl
gytûn â syniadau Salesbury am gyfieithu'r Ysgryth-
urau, canys nodwedd y cyfieithiadau Lladin oedd
cyfieithu'r gwreiddiol 'air am air, mor bell ag y
goddefai gwahaniaeth priod-ddull'.

Wrth gyfieithu'r Testament Newydd yr oedd gan
Salesbury wrth law ei fersiwn diwygiedig ei hun o

In addition to what is said in this title, we have one piece of information about the translation of the Testament into Welsh for which we can thank Archbishop Parker. In his instructions to the translators of the projected English version Parker gave it to be understood that the initials of each translator would be attached to the portion translated by him. Parker's purpose in this was 'to make them more diligent, as Answerable for their doings'. The Welsh translators hardly needed this incentive, but because the suggestion was acted upon in the Welsh New Testament we can see from their initials in the margin that it was Bishop Davies who translated I Timothy, Hebrews, the Epistle of James and I and II Peter, and that it was Thomas Huet, the dean of St. David's, who translated Revelation. Salesbury himself translated all the rest.

The phrase in the title, 'Drawn, as far as the different idiom permitted, word for word from the Greek and Latin', is, doubtless, an echo of another of the archbishop's instructions. Parker was insistent that the translators of the new English Bible were to rely on the recent Latin versions for their interpretation of the Hebrew and Greek texts. This was in full accord with Salesbury's ideas about translating the Scriptures, because it was a characteristic of the Latin versions that they translated the original 'word for word as far as the difference of idiom permitted'.

In translating the New Testament Salesbury had beside him his own revised version of the Prayer

Lithiau'r Llyfr Gweddi, ac o 1565 ymlaen, gyfrol
fawr Beza. Heblaw'r rhain, yr oedd ganddo hefyd y
cynorthwyon a ddefnyddiodd wrth baratoi *Kynniver
llith a ban* a Llithiau'r Llyfr Gweddi.

Un o'r cwestiynau cyntaf a oedd ganddo i'w
benderfynu oedd, a ydoedd i gyfieithu o'r newydd y
darnau helaeth hynny o'r Testament a oedd eisoes
wedi eu cyfieithu ar gyfer *Kynniver llith a ban* a'u
diwygio ar gyfer y Llyfr Gweddi. Y mae'n bur sicr
nad oedd ganddo ddim amser i gynnig ar gyfieithiad
newydd, ond ni allodd ymatal rhag diwygio. Gwelir
olion y diwygio o gymharu Llithiau'r Llyfr Gweddi
â'r darnau cyfatebol yn Actau ac Epistolau Testament
Newydd 1567. Yn rhyfedd nid oes dim ôl diwygio ar
y Llithiau sy'n digwydd ym Mathew a Marc, na
chwaith ar rai o'r rhai sy'n digwydd yn Luc a
Ioan. Efallai mai'r esboniad ar hyn yw i Salesbury
ddiwygio'r adrannau hyn ar gyfer y Testament cyn
danfon y Llyfr Gweddi i'r wasg, ac iddo fanteisio ar
hynny i ddiwygio'r Llyfr Gweddi ei hun hefyd,
ond erbyn iddo ddyfod at y rhannau hynny o'r
Testament Newydd sy'n dangos ôl y diwygio, yr
oedd y Llyfr Gweddi yn y wasg ac allan o gyrraedd
Salesbury i'w ddiwygio ymhellach.

Nid yw'r diwygio rhwng Llithiau'r Llyfr Gweddi
a'r Testament Newydd yn fawr o ran maint, ond
dengys ymgais ddi-baid Salesbury i ymgyrraedd at
ei ddelfryd o ffyddlondeb llwyr i'r gwreiddiol Groeg.

Book Lessons and, from 1565 onwards, Beza's great volume. In addition to these he had also those helps which he had used in preparing *Kynniver llith a ban* and the Prayer Book Lessons.

One of the first things which he had to decide was whether he was to translate anew those extensive portions of the New Testament which he had already translated for *Kynniver llith a ban* and revised for the Prayer Book. It is fairly certain that he had no time to attempt a new translation, but he could not refrain from revising. The results of the revision can be seen by comparing the Prayer Book Lessons with the corresponding portions of Acts and of the Epistles of the 1567 New Testament. Strangely enough, there are no signs of revision in those Lessons which occur in Matthew and Mark nor in some which occur in Luke and John. Perhaps the explanation is that Salesbury had already revised these portions for the New Testament before he sent the Prayer Book to the press and that he therefore took advantage of this to revise the Prayer Book as well, but that by the time he came to those portions of the New Testament which show signs of revision, the Prayer Book was already in the press and beyond Salesbury's reach to revise it further.

The amount of revision between the Prayer Book and the New Testament is not extensive but it shows Salesbury's ceaseless striving for his ideal of complete

Yn Rhufeiniaid xv.12 ceir ganddo'r ymadroddion canlynol yn ei wahanol fersiynau:

gwreiddyn Iisai (*Kynniver llith a ban*)
gwreiddyn Iesse (Llyfr Gweddi)
gwreiddyn yr Iesse (Testament Newydd)

O gymharu'r fersiynau hyn gwelir i Salesbury newid y ffurf Hebraeg ar yr enw, Iisai, a geir yn *Kynniver llith a ban*, i'r ffurf Ladin a mwy Groegaidd, Iesse, yn Llithiau'r Llyfr Gweddi, ac iddo yna, wrth adolygu'r ymadrodd ar gyfer y Testament Newydd, osod y fannod o flaen yr enw i'w ddwyn yn agosach fyth at y testun Groeg.

Yn y rhannau hynny a gyfieithwyd ganddo am y tro cyntaf ar gyfer Testament 1567, fe'i ceir yn cadw at yr un egwyddor. Dro ar ôl tro y mae'n cefnu ar fersiwn Erasmus a'r Beibl Mawr ac yn dilyn Beza a Beibl Genefa, am y credai eu bod yn agosach at ystyr y gwreiddiol. Y mae'r fersiynau a ganlyn o ymadrodd yn Rhufeiniaid i.4 yn enghraifft:

Lladin y Fwlgat
yr hwn a ragordeiniwyd yn Fab Duw mewn gallu

Lladin Erasmus
yr hwn a gyhoeddwyd yn Fab Duw â nerth

Tyndale
and declared to be the sonne of God, with power

Y Beibl Mawr
and hath bene declared to be the sonne of God with power

fidelity to the original Greek. At Romans xv.12 he has the following phrases in his various versions:

a root of Iisai (*Kynniver llith a ban*)
a root of Iesse (Prayer Book)
a root of the Iesse (New Testament)

Comparing these versions we find that Salesbury changed the Hebrew form of the name, Iisai, found in *Kynniver llith a ban*, to the Latin and more Greek form, Iesse, in the Prayer Book Lessons, and that he then, in reviewing the phrase for the New Testament, added the article to the name to bring it still nearer the Greek text.

He keeps to the same principle in those portions which were translated by him for the first time for the 1567 Testament. Time and again he rejects the rendering of Erasmus and the Great Bible and follows Beza and the Geneva Bible because he deemed them to be nearer the meaning of the original. The following versions of a phrase in Romans i.4 is an example:

The Latin of the Vulgate
who was foreordained Son of God in might

The Latin of Erasmus
who was declared Son of God with power

Tyndale
and declared to be the sonne of God, with power

Great Bible
and hath bene declared to be the sonne of God with power

Lladin Beza
wedi ei gyhoeddi'n nerthol yn Fab Duw

Nodiad yng Nghyfrol Beza 1565
Nid at allu gwyrthiol Crist y cyfeiria 'mewn nerth'
ond at y modd y cyhoeddwyd ef yn Fab Duw, sef
trwy'r atgyfodiad

Beibl Genefa
and declared mightely (to be) the Sonne of God

Testament Cymraeg 1567
ac a declarwyt yn ‡nerthol *y vot* yn Vap Duw

Ymyl y ddalen : ‡ rymiol

Y mae'n amlwg mai dilyn cyfieithwyr Lladin a
Saesneg Genefa y mae Salesbury yn yr enghraifft
uchod. Eithr nid cyfieithiad peiriannol o'r fersiynau
hyn ·yw Testament Newydd Salesbury. Ceidw ei
lygaid yn gyson ar y Roeg, a daw hyn i'r golwg
drachefn a thrachefn. Yn Actau xv.6 rhoddir y
rheswm paham y daeth yr Apostolion a'r henuriaid
ynghyd i Gyngor Jerwsalem. Cyfieithir yr ymadrodd
Groeg a rydd y rheswm gan y gwahanol fersiynau fel
a ganlyn:

    i weled ynglŷn â'r gair hwn (Lladin y Fwlgat)
    i ystyried ynglŷn â'r mater hwn (Lladin Erasmus)
    to reason of this matter (Tyndale)
    to reason of thys matter (Beibl Mawr)
    i ystyried ynglŷn â'r peth hwn (Lladin Beza 1556)
    to loke to this matter (Beibl Genefa)

The Latin of Beza
and declared mightily Son of God

Note in Beza's 1565 volume
'with power' does not refer to Christ's miraculous power but to the way he was declared Son of God, namely by the resurrection

Geneva Bible
and declared mightely (to be) the Sonne of God

The Welsh of the 1567 Testament
and who was declared ‡mightily *to be* Son of God

Margin: ‡ powerfully

In the above example Salesbury is clearly following the Latin and English translators of Geneva. But Salesbury's Testament is not a mere mechanical translation of these versions. He keeps his eye steadily on the Greek and this comes to light continually. In Acts xv.6 the reason is given why the apostles and elders came together to the Jerusalem Council. The Greek phrase which gives the reason is rendered by the various versions as follows:

to see concerning this word (The Latin of the Vulgate)

to consider concerning this matter (The Latin of Erasmus)

to reason of this matter (Tyndale)

to reason of thys matter (Great Bible)

to consider concerning this thing (The Latin of Beza 1556)

to loke to this matter (Geneva Bible)

i ystyried ynglŷn â'r mater hwn (Lladin Beza 1565)

y *edrych ar yr ‡ymadrodd hwn ⎫
    Ymyl y ddalen: * resymy ⎬ (Testament
                  ‡ ymater ⎭   Salesbury)

Fe welir Salesbury yma yn gwrthod fersiynau pob un o'i ragflaenwyr ac eithrio'r Fwlgat. Fe wyddai amdanynt, fel y dengys ei nodiadau ar ymyl y ddalen. Y mae'n dewis dehongliad y Fwlgat nid oherwydd ei barch i awdurdod y Fwlgat (gwrthod darlleniadau arbennig y Fwlgat a wna yn gyson yn y Llyfr Gweddi a'r Testament Newydd) ond oherwydd y cred mai dehongliad y Fwlgat sy'n rhoddi gwir ystyr y Roeg. Fe allai'r gair Groeg sydd yma olygu 'gair', 'ymadrodd' neu 'mater', ond gan mai'r gosodiad neu'r ymadrodd 'fod yn rhaid enwaedu arnynt a'u gorchymyn i gadw cyfraith Moses' oedd achlysur dwyn yr apostolion a'r henuriaid ynghyd, y mae'r cyfieithiad 'ymadrodd' yn gwbl gyfreithlon, ac fe ddichon yn rhagori ar 'mater'. Yn ddi-os y mae Salesbury yn ddyledus i fersiynau Lladin a Saesneg Genefa, ond dyled ysgolhaig ydyw, nid dyled copïwr.

Yr oedd yr Esgob Davies yn cydsynio'n llwyr â Salesbury ar egwyddorion cyfieithu'r Ysgrythurau. Ei ofal cyson yw cael cyfieithiad a fyddai'n gwbl ffyddlon i'r gwreiddiol Groeg. Daw hyn i'r amlwg wrth gymharu ei fersiwn ef â fersiynau Salesbury yn *Kynniver llith a ban* a Llithiau'r Llyfr Gweddi. Rhoddir yn enghraifft yr adnod gyntaf o'r Epistol at yr Hebreaid:

to consider concerning this matter (The Latin of
Beza 1565)

to *look on this ‡saying ⎱
  Margin: * reason   ⎰   (Salesbury's
       ‡ the matter   Testament)

We see that here Salesbury rejects the versions of all
his predecessors with the exception of the Vulgate.
He knew of them all, as his notes in the margin show.
He adopts the Vulgate's interpretation not because of
his respect for the authority of the Vulgate (his
consistent practice in the Prayer Book and the New
Testament is to reject the peculiar readings of the
Vulgate), but because he believes that the Vulgate's
interpretation gives the true meaning of the Greek.
The Greek word found here could mean 'word',
'saying' or 'matter', but since it was the statement or
saying 'That it was needful to circumcise them and
to command them to keep the law of Moses' that was
the occasion of bringing the apostles and elders
together, the translation 'saying' is justifiable and
possibly better than 'matter'. Salesbury undoubtedly
is indebted to the Latin and English versions of
Geneva, but his debt is that of a scholar not of a
plagiarist.

Bishop Davies was in full agreement with Salesbury
on the principles of Bible translation. At all times his
concern is to find a translation which would be
completely faithful to the original Greek. A com-
parison of his version with those of Salesbury in

Kynniver llith a ban

Mewn amryw wedd ac mywn llawer o voddyon yr
ymddyddanadd Deo gynt ar tadau drwy Prophwyti

Llithiau'r Llyfr Gweddi

Dyw lawer gwaith a' llawer modd a ymddiddanodd
gynt a'r tadae trwy'r Prophwyti

Testament Newydd

Duw lawer gwaith a llawer modd gynt a ymddiddan-
odd ar tadau trwy'r prophwydi.

Gwelir yma mai'r unig wahaniaeth, ar wahân i fanion
orgraffyddol, rhwng y Llyfr Gweddi a'r Testament
Newydd yw lleoliad y gair 'gynt'. Y mae ei leoliad yn
y Llyfr Gweddi yn dilyn ei leoliad yn *Kynniver llith
a ban*, ond y mae ei leoliad yn y Testament Newydd
yn cyfateb i'w leoliad yn y testun Groeg. Golyga hyn
fod yr esgob wedi diwygio fersiwn Salesbury yn y
Llyfr Gweddi gan amcanu ei ddwyn yn nes at Roeg
y gwreiddiol. A dyna a wna yn gyson.

Daw'r un gofal am y gwreiddiol Groeg i'r golwg
yn yr adrannau hynny o'r Testament a gyfieithwyd
am y tro cyntaf gan yr esgob. Yn wir, awgrymir gan
rai o'i gyfieithiadau iddo drosi'n uniongyrchol o'r
Roeg heb aros i weld beth oedd gan y fersiynau
Lladin a Saesneg. Yn I Pedr i.12 ei gyfieithiad yw

Ir rrain y dangoswyd, nad uddyntwy, eithyr y nyni
y gwasnaythay y pethau a fanegwyd y chwi.

Kynniver llith a ban and the Prayer Book brings this out clearly. An example is found in the first verse of the Epistle to the Hebrews:

The Welsh of Kynniver llith a ban

In various ways and in a number of modes God conversed formerly with the fathers through prophets

The Welsh of the Prayer Book Lessons

God many times and in many modes conversed formerly with the fathers through the Prophets

The Welsh of the New Testament

God many times and in many modes formerly conversed with the fathers through the prophets.

We see here that (apart from details of spelling in the Welsh) the only difference between the Prayer Book and the New Testament is the point at which the word 'formerly' is placed. Its place in the Prayer Book follows the word-order in *Kynniver llith a ban*, but its place in the New Testament corresponds to its position in the Greek text. This means that the bishop has revised Salesbury's version in the Prayer Book with the intention of bringing it nearer the Greek of the original. And this is what he does consistently.

The same concern for the original Greek comes to light in those sections of the Testament which were translated for the first time by the bishop. Indeed, some of his translations suggest that he translated directly from the Greek without bothering to consult

Nid yw hwn yn drosiad amhosibl o Roeg yr adnod
ond yr hyn a geir gan y fersiynau eraill i gyd yw
rhywbeth tebyg i

> I'r sawl y datguddiwyd nad arnynt eu hunain ond
> arnom ni (arnoch chwi—Fwlgat) yr oeddynt yn gweini
> yn y pethau a gyhoeddwyd i chwi.

Er y gellid dadlau o blaid cyfieithiad yr esgob, y
cyfieithiad arall sy'n debycaf o fod yn gywir, ond y
mae 'camgymeriad' yr esgob yn brawf nad un o'r
fersiynau Lladin neu Saesneg a gyfieithodd yma ond
y Roeg. Yn yr un modd fe'i ceir yn I Pedr i.4 yn
gwneud cais nas gwneir gan neb arall i roddi ychydig
o flas y gwreiddiol. Yn y Groeg y mae tri ansoddair
yn dechrau â'r un rhagddodiad:

> aphtharton kai amianton kai amaranton

Cyfieithiad yr esgob yw:

> diddiwedd a dilwgr ac ni diflanna

Ond er ei ofal am ffyddlondeb i'r gwreiddiol nid
yw'r Esgob Davies yn ddibris o briod-ddull y
Gymraeg. Lle mae Salesbury, yn yr ymadrodd
'o veirw', yn cyfieithu'n llythrennol ond yn aneglur,
y mae'r esgob yn gofalu ysgrifennu 'o ddi wrth y
meirw'. Y mae'n sicr y bu'n golled i ofalon esgobol
Richard Davies ei gadw rhag cyfrannu'n helaethach
i Destament Newydd 1567.

the Latin and English versions. The Welsh of his translation at I Peter i.12 reads:

> To these it was shown that not them but us did those things serve which have been told you.

This is not an impossible translation of the verse, but all the other versions give something like this:

> To whom it was revealed that it was not themselves but us (Vulgate—you) they served in the things which have been proclaimed to you.

Although a case could be made for the bishop's translation, it is the other translation which is the more likely to be correct, but the bishop's 'mistake' is proof that it was the Greek and not one of the Latin or English versions which he translated here. Likewise at I Peter i.4 he tries to give something of the flavour of the original, something not attempted by anyone else. The Greek has three adjectives which begin with the same prefix:

> aphtharton kai amianton kai amaranton

The bishop's version might be rendered in English:

> unending and uncorrupted and unfading

But for all his concern to be faithful to the original Bishop Davies is not negligent of Welsh idiom. Where Salesbury in the phrase 'from dead' is literal but obscure in his translation, the bishop studiously writes 'from the dead'. It certainly was a loss that his episcopal duties kept Richard Davies from making a larger contribution to the 1567 New Testament.

Ar ymyl y ddalen gyferbyn â dechrau'r bennod gyntaf o 'Gweledigaeth Ioan' (Llyfr y Datguddiad) y mae'r nodiad hwn:

> T.H.C.M. a translatoedd oll text yr Apocalypsis yn ieith ei wlat.

Cyfeiriad yw hwn at Thomas Huet, Cantor Menevia (hynny yw deon Tyddewi), yr unig ddeheuwr ymhlith cyfieithwyr y Beibl Cymraeg. Ac ni raid darllen ymhell ar ei fersiwn cyn clywed lleferydd persain bro Dyfed yn eglur. Brithir ei ymadroddion â geiriau fel allwyddey (allweddau), dala (dal), plocyn (rhwystr, boncyff), whilio (chwilio), whedlea (siarad), cowir (cywir), doyddeg (deuddeg), ceseir (cenllysg), hoyl (haul), cwny (cyfodi). Salesbury, debyg iawn, biau'r nodiad uchod ar ymyl y ddalen, ac yn y cyfeiriad at 'ieith ei wlat' nid beirniadaeth ond cymeradwyaeth sydd ganddo. Yr oedd Salesbury yn ymwybodol iawn o'r gwahaniaethau tafodieithol rhwng Gogledd a De, ac y mae'n amlwg iddo yn fwriadol ddefnyddio geirfa, yn enwedig yn y cyf-ystyron ar ymyl y ddalen, a wnâi ei fersiwn yn ddealledig ymhob rhan o Gymru. Y mae'n ddiamau i'r gofal hwn sicrhau y byddai'r Beibl Cymraeg yn Feibl i Gymru gyfan, ac i hynny yn ei dro sicrhau y byddai ar gael Gymraeg safonol y gellid ei deall gan bawb o Gaergybi i Gaerdydd.

Y mae gan Salesbury nodiad arall ar ymyl y ddalen gyferbyn â gair cyntaf y bennod, ac yn y nodiad hwn

In the margin opposite the beginning of the first chapter of the 'Vision of John' (The Book of Revelation) this note is found:

> T.H.C.M. translated all the text of Apocalypsis in his local dialect.

This is a reference to Thomas Huet, the Cantor of Menevia (that is, the dean of St. David's), the only South Walian among the translators of the Welsh Bible. And one cannot read far in his version without hearing the music of the Demetian dialect. His phrases abound with such words as *allwyddey* (keys), *dala* (hold), *plocyn* (block), *whilio* (search), *whedlea* (speak), *cowir* (correct), *doyddeg* (twelve), *ceseir* (hailstones), *hoyl* (sun), *cwny* (to rise, raise). The marginal note is probably by Salesbury and the reference to 'his local dialect' is meant as commendation rather than criticism. Salesbury was very conscious of the dialectical differences between North and South Wales and it is clear that he deliberately made use of a vocabulary, especially in the synonyms of the margin, which would make his version intelligible in every part of Wales. Salesbury's concern in this matter doubtless ensured that the Welsh Bible would be a Bible for the whole of Wales, and that fact in turn ensured that there would be a standard Welsh which could be understood by all from one end of the country to the other.

Salesbury has another marginal note opposite the first word of the chapter and in this there may well

fe ddichon fod awgrym o feirniadaeth. Y gair yn y testun yw 'Gweledigaeth' eithr dywed y nodiad 'Datcuddiat yw air yn ei gylydd'. Yn groes i egwyddor Salesbury a Davies, nid yw Huet yn cyfieithu 'air yn ei gylydd' yma. Ac y mae hyn yn wir am ei fersiwn yn gyffredinol. Daw i'r amlwg o gymharu fersiynau Salesbury (*Kynniver llith a ban* a'r Llyfr Gweddi) â'r darnau cyfatebol yn Natguddiad Huet. Y mae Salesbury fel arfer yn gwneud ymdrech amlwg i ddilyn trefn y frawddeg Roeg. Eithr nid ymddengys fod Huet wedi sylwi ar hyn, ac ni phetrusa newid y drefn, ac fel yn yr enghraifft a ganlyn o Datguddiad iv.8, y mae'r newid yn aml yn welliant pendant o safbwynt y Gymraeg:

Kynniver llith a ban
Ar pedwar aniual oedd y pop vn chwech aden

Llithiau'r Llyfr Gweddi
A'r petwar aniual oedd i bob vn o hanwynt chwech adain

Datguddiad Huet
Ac yr oedd y bob un or pedwar enifel chwech o adeinedd

Ond nid yw hyn yn golygu nad oedd gan Huet Destament Groeg o'i flaen. Yn Datguddiad xii.7 ef yn unig sy'n cyfieithu 'A rryfel oedd yny nef'. 'Cad' sydd gan Salesbury a 'brwydr' sydd gan y cyfieithwyr Lladin a Saesneg. Gall y gair Groeg olygu 'brwydr' neu 'rhyfel', ac yn y cyd-destun hwn 'rhyfel' fe ddichon sy'n fwyaf priodol.

ꝼoll entwen	wodaw Enw uch pen ‡ pop enw, mal y byddei yn Enw ꝛ Jeſu i bop glin eſtwng [yn gyſtal] nefolion, a daearolion, ac y dan ddaearolion [bethae,] ac i bop tafot coffeſſy ma= e'r Jeſu Chꝛiſt [yw ꝛ] Arglwyd, er gogoniant Duw ꝛ tad.

ꝙ Yr Euangel.

<table>
<tr><td>

Mat xxvi.
*ꝺopwebbꝛ
derbynu

‡aꝛol
*ꝺoobi ar y
groes
*henaf-
gwyꝛ

‡ꝺꝺichell
*iwerin

‡lleſtraít,
golwꝛc'h
*ar y bwꝛꝺ
‡ꝺꝛꝛgieſont
*pꝛ afꝛat
byn

‡ynlíaſu
ar
*bob amſer

ꝺ'anglaꝺꝺ

* bꝛaꝺycha ſ

</td><td>

Ce ddarfu, gwedy i'r Jeſu *oꝛphen
y gaíríe hyn oll, ef addyfot wꝛth ei
ddiſcipulon, Chwi wyddoch, mae o
‡ veiwn y ddauddydd y mae'r Paſc,
a Map y dyn a roddir *yw groci.
Vno ydd ymgynullawdd pꝛ Archo=
ffeiriait a'r Scrifennyddion a *he=
nydꝺion y popul i nauadd pꝛ Ar=
choffeíriat a elwit Caíaphas, ac a
ymgyggoꝛeſont py bodd y dalíent
pꝛ Jeſu trwy ‡ vꝛao, a'ei ladd. Eithyꝛ wynt a ꝺꝺywetſont,
Nyd ar pꝛ wyl, rac bod cynnwꝛf ym-plith y *popul . Ac
val yd oeꝺ pꝛ Jeſu ym-Bethania yn-tuy Simon ohang=
laf, e ꝺꝺaeth ataw wꝛeic, ac gyd a hi ‡ vliwch o iraít gwyꝛ=
thfawꝛ, ac ei tywalldawdd ar ei benn , ac ef yn eiſteꝺꝺ*
wꝛth y foꝛt. A phan weles ei ꝺꝺiſcipulon, wy a ‡ ſoꝛa
ſont, gan ꝺꝺywedyt. Parait *y gollet hon? can ys ef al=
leſit gwerthy pꝛ iraít hwnn er llawer, a'ei roddy ir tloti=
on . A'r Jeſu a wybu, ac a ꝺꝺyfot wꝛthiwynt, Paam ydꝺ
ych yn ‡moleſty pꝛ wꝛeic? can ys hi a weithiawdd weith=
ret ꝺꝺa arnaf . Can ys y tlodion a gewch yn *waſtat yn
eich plith, a myfy ny's cewch yn oyſtat gyd a chwi . Can
ys lle y tywyliтawdd hi pꝛ iraít hwn ar vyg-coꝛph, er
mwyn *vygcladedigaeth hi gwnaeth. Yn wir y dywedaf
wꝛthych, Pa le bynac y pꝛecethir pꝛ Euangel hon yn pꝛ oll
byt, hyn yma hefyt a wnaeth hi, a venegir er coffa am de
nei. Vno pꝛ aeth vn oꝛ daudec, pꝛ hwn a elwit Judas Iſca=
riot, at pꝛ Archoffeiriait, ac a ꝺyfot [wꝛthynt,] Pabeth a
rowch i mi, a mi a'ei *roddaf ef y chwy? Ac wy a oſode=
font

</td></tr>
</table>

Tudalen o *Lliver gweddi Gyffredin* 1567
A page from the Book of Common Prayer of 1567

be a hint of criticism. The word in the text is 'Vision' but the note says 'Literally it is revelation'. Contrary to the principle favoured by Davies and Salesbury, Huet here does not translate literally or 'word for word'. And this is true of his version as a whole. It comes to light in any comparison of Salesbury's versions (*Kynniver llith a ban* and the Prayer Book) with the corresponding portions of Huet's Revelation. Salesbury, as a rule, makes an obvious attempt to follow the word-order of the Greek sentence. But Huet does not seem to have realized this and he does not hesitate to alter the order; as in the following example from Revelation iv.8 the change is often an improvement from the point of view of the Welsh language:

The Welsh of Kynniver llith a ban

And the four animals there were to each six wings

The Welsh of the Prayer Book Lessons

And the four animals there were to each of them six wings

The Welsh of Huet's Revelation

And there were to each of the four animals six wings

This does not mean, however, that Huet did not have a Greek Testament before him. At Revelation xii.7 he alone translates 'And there was war in heaven'. Salesbury has 'battle' and so also the Latin and English translators. The Greek word can mean either 'battle' or 'war' and perhaps in this context 'war' fits better. But indications that Huet translated the Greek

Ond prin yw'r arwyddion pendant mai'r Roeg a gyfieithiai Huet. Nid yw hyn yn beth i ryfeddu ato o gofio mor afreolaidd yw Groeg Llyfr y Datguddiad. Prif gynorthwyon Huet yw'r Fwlgat a'r Beibl Mawr, ac yn hyn y mae yn tueddu cefnu ar Salesbury a Davies a'u hymlyniad wrth fersiynau Beza a Beibl Genefa. Amlygir hyn yn yr enghraifft hon (Datguddiad iv.8):

Lladin y Fwlgat	*Lladin Beza*
a gorffwys ni chaent	yn ddi-baid
Y Beibl Mawr	*Beibl Saesneg Genefa*
And they had no rest	and they ceased not
Kynniver llith a ban	*Llithiau'r Llyfr Gweddi*
Ac nyd aeddynt yn cael llonydd	ac ny pheidient
Datguddiad Huet	
ac nyd odddent [*sic*] yn gorffwys	

Ond beth bynnag fo diffygion cyfieithiad Huet o safbwynt egwyddor cyfieithu 'air yn ei gylydd' yn ôl patrwm cyfieithwyr Genefa, y mae'n rhaid cydnabod bod y Datguddiad yn un o'r darnau mwyaf darllen-adwy yn Nhestament 1567.

Heblaw cyfieithu'r rhan helaethaf o'r Testament, Salesbury sy'n gyfrifol am yr holl faterion rhag-arweiniol a golygyddol a geir ynddo, gyda rhai eithriadau. Un eithriad yw'r 'Epistol at y Cembru' (er y tybir y dylid priodoli rhannau o hwn i Salesbury) lle y mae'r Esgob Davies yn dadlau nad newyddbeth yw ffydd ysgrythurol y Protestaniaid

are few. This is not really surprising in view of the
peculiar Greek of the Book of Revelation. Huet's
chief aids are the Vulgate and the Great Bible, and in
this he parts company with Salesbury and Davies and
their deference to Beza's versions and the Geneva
Bible. This is demonstrated by the following example
(Revelation iv.8):

The Latin of the Vulgate	*Beza's Latin*
and rest they did not have	without ceasing
The Great Bible	*Geneva Bible*
And they had no rest	and they ceased not
The Welsh of *Kynniver llith a ban*	*The Welsh of the* *Prayer Book Lessons*
And they did not have quiet	And they did not cease
The Welsh of Huet's Revelation	
and they did not rest	

But whatever the imprefections of Huet's translation
from the point of view of the principle of translating
'word for word' on the model of the Geneva transla-
tors, it has to be recognized that Revelation is one of
the most readable parts of the 1567 Testament.

In addition to his translation of the larger part of
the Testament Salesbury was responsible for all the
introductory and editorial materials which it contains,
with a few exceptions. One exception is the 'Epistle
to the Welsh' (although it is thought that parts of this
also are to be attributed to Salesbury), where Bishop
Davies argues that the scriptural faith of the Protes-

ond adferiad o grefydd ddilychwin yr hen Gymry.
Fe ddichon hefyd fod ychydig o'r 'Argumentau'
sydd o flaen pob llyfr ac o'r 'Cynwysiadau' sydd
uwchben pob pennod yn waith Davies neu Huet, ond
Salesbury a gyfieithodd y mwyafrif mawr ohonynt.
Y maent wedi eu cymryd o Feibl Genefa. Salesbury
hefyd biau'r nodiadau ar ymyl y ddalen. Yn unol â
gorchymyn yr Archesgob Parker ynglŷn â 'Beibl yr
Esgobion', y mae'r nodiadau hyn wedi eu cyfyngu
i faterion ysgolheigaidd ac esboniadol. Ni cheir yma
ddim o chwerwedd sylwadau ymyl y ddalen Beibl
Genefa ar faterion eglwysig. Y mae'n bur debyg mai
o fersiwn Lladin Beza y cafodd Salesbury y ddyfais o
newid teip 'y geiriau-dodi'. Fel y gwelwyd yr oedd
wedi defnyddio bachau sgwâr yn y Llyfr Gweddi i'r
un diben. Yn y Testament Newydd y mae'r testun
sydd yn cyfateb yn union i'r gwreiddiol mewn teip a
elwir yn 'Llythyren Ddu', llythyren mewn ffurf
hynafol, ond y mae pob gair a ychwanegir at y
gwreiddiol er mwyn egluro'r ystyr mewn llythyren
Rufeinig. (Hyd yn ddiweddar, defnyddid llythrennau
italaidd yn ein beiblau Cymraeg i'r un amcan.) Ond
y mae Salesbury yn defnyddio'r ddyfais hon hefyd i
wahaniaethu rhwng ffurfiau llafar a ffurfiau llen-
yddol, ac ambell waith, i awgrymu dau gyfieithiad
posibl. Nid yw Salesbury wedi lleddfu dim ar ei
fympwyon orgraffyddol yn y Testament Newydd.
Y mae'n dal i Ladineiddio'r Gymraeg, i anwybyddu'r
treigliadau ac i ymochel rhag sbelio gair ddwywaith
yr un fath ar yr un tudalen. Bu'r mympwyon hyn yn

tants is no innovation but rather a restoration of the pure pristine religion of the Welsh people. It may also be possible that a few of the 'Arguments' which introduce every book, and some of the 'Summaries' at the head of each chapter, are the work of Davies or Huet, but the vast majority of them were translated by Salesbury. They were taken from the Geneva Bible. The marginal notes are also Salesbury's. In conformity with Archbishop Parker's instruction with regard to the 'Bishop's Bible', these notes have been restricted to matters of scholarship and interpretation. The bitterness of the Geneva Bible's comments on ecclesiastical affairs is absent from Salesbury's notes. It is probable that Salesbury took the device of changing the type of 'the inserted words' from Beza's Latin version. As we have seen he had used square brackets in the Prayer Book for the same purpose. In the New Testament, the text which corresponds exactly to the original is set up in a type called Black Letter, an old form of lettering, whereas every word added to the text to clarify its meaning is set in the Roman type. (Italics are used in the King James Bible in the same way.) But Salesbury uses this device also to distinguish between spoken and literary forms and, sometimes, to suggest two possible translations. Salesbury has in no wise modified his orthographical eccentricities in the New Testament. He persists in Latinizing Welsh words, in ignoring the mutations and in avoiding spelling the same word twice in the same way on the same page. These oddities have

achos i darfu llawer cyn iddynt ddechrau gweld y
gamp aruthrol a gyflawnodd Salesbury.

10

Mesur camp William Salesbury yw iddo, ar ei ben
ei hun bron, lwyddo i droi ffrydiau bywiol y Diwyg-
iad Protestannaidd a'r Dadeni Dysg i ddaear Cymru.
Prin oedd ei offer ac ychydig oedd ei gynorthwywyr,
ond trwy ei dalent fawr a'i lafur anferth agorodd
sianel sydd wedi cadw i ffrwythloni bywyd Cymru
am bedwar can mlynedd. Bu i eraill, megis yr Esgob
William Morgan, yr Esgob Richard Parry a Dr. John
Davies, Mallwyd, gadarnhau'r gwaith a helaethu
arno, ond William Salesbury a'u dysgodd.

discouraged many before they ever had a chance to appreciate Salesbury's tremendous achievement.

10

The measure of William Salesbury's achievement is that he, practically by himself, succeeded in turning the life-giving waters of the Protestant Reformation and the Renaissance of Learning to the soil of Wales. His tools were few and his helpers small in number, but by virtue of his great talent and immense labours he opened a channel which has fertilized Welsh life for four hundred years. Others, such as Bishop William Morgan, Bishop Richard Parry and Dr. John Davies, Mallwyd, were to strengthen and extend the work, but their instructor was William Salesbury.

LLYFRYDDIAETH : BIBLIOGRAPHY

I. TESTUNAU : TEXTS

CYMRAEG : WELSH

Fisher, J., *Kynniver Llith a Ban* (Cardiff, 1931).

Jones, I., *Testament Newydd . . . Cyfieithiad William Salesbury Adargraffiad Newydd* (Caernarfon, 1850).

Richards, Melville a Williams, Glanmor, *Llyfr Gweddi Gyffredin* (Caerdydd, 1965).

Salesbury, W., *Testament Newydd ein Arglwydd Iesv Christ* (Llundain, 1567).

GROEG A LLADIN : GREEK AND LATIN

Beza, T., *Iesv Christi D.N. Nouum Testamentum* (Geneva, 1556 a 1565).

Vander, P., *Desiderii Erasmi Opervm Omnivm Tomvs Sextvs* (Lvgdvnvm Batavorvm 1725).

MARTIN LUTHER

Degering, H., *Die Bibel . . . nach der Ausgabe von 1545 bearbeitet* (Berlin, 1927).

SAESNEG : ENGLISH

The English Hexapla of the New Testament Scriptures (London, 1841).

Weigle, L., *The New Testament Octapla* (Edinburgh, 1962).

HANES Y TESTUN GROEG ARGRAFFEDIG : HISTORY OF THE PRINTED GREEK TEXT

Reuss, E., *Bibliotheca Novi Testamenti Graeci* (Brunswick, 1872).

II. YMDRINIAETHAU : DISCUSSIONS

Ballinger, J., *The Bible in Wales* (London, 1906).

Bebb, W. A., *Cyfnod y Tuduriaid* (Wrecsam, 1939).

Edwards, T. C., 'William Salesbury's Translation of the New Testament into Welsh', *Transactions of the Liverpool Welsh Nat. Society* (1885–6), 51–81.

Evans, E. L., 'William Salesbury', *Y Llenor*, XII (1933), 106–18, 180–5.

Greenslade, S. L., *The Cambridge History of the Bible* (Cambridge, 1963).

Gruffydd, R. G., 'Wales and the Renaissance', *Wales Through the Ages*, Vol. II (Llandybie, 1960).

Gruffydd, W. J., *Llenyddiaeth Cymru* (Wrecsam, 1926).

Gruffydd, W. J., 'Y Beibl—Y Cyfieithiad Cymraeg', *Geiriadur Beiblaidd* (Wrecsam, 1924–6).

Jenkins, R. T., 'Y Newid yng Nghymru yng Nghyfnod y Tuduriaid', *Yr Apel at Hanes* (Wrecsam, 1931).

Jones, E. G., 'The Religious Setttlement', *Wales Through the Ages* Vol. II (Llandybie, 1960).

Jones, Thomas, 'Pre-Reformation Welsh Versions', *Cylchgrawn Llyfrgell Genedlaethol Cymru*, IV (1946), 97–114.

Lloyd-Jones, J., *Y Beibl Cymraeg* (Caerdydd, 1938).

Mathias, W. A., 'Astudiaeth o Weithgarwch Llenyddol William Salesbury' (Thesis M.A. Prifysgol Cymru).

Mathias, W. A., 'William Salesbury', *Y Bywgraffiadur Cymreig* (Llundain, 1954).

Parry, Thomas, *Hanes Llenyddiaeth Gymraeg* (Caerdydd, 1944).

Thomas, D. R., *The Life and Work of Bishop Richard Davies and William Salesbury* (Oswestry, 1902).

Williams, Glanmor, *Bywyd ac Amserau'r Esgob Richard Davies* (Caerdydd, 1953).

Williams, Glanmor, 'Richard Davies', *Y Bywgraffiadur Cymreig* (Llundain, 1954).

Williams, Glanmor, 'Wales and the Reformation', *Wales Through the Ages*, Vol. II (Llandybie, 1960).

Williams, Glanmor, 'The Achievement of William Salesbury', *Trafodion Cymdeithas Hanes Sir Ddinbych*, 14 (1965).

Williams, Hugh, 'Testament Cymraeg Cyntaf y Cymry,' *Y Drysorfa* (1888), 126–30, 163–8.